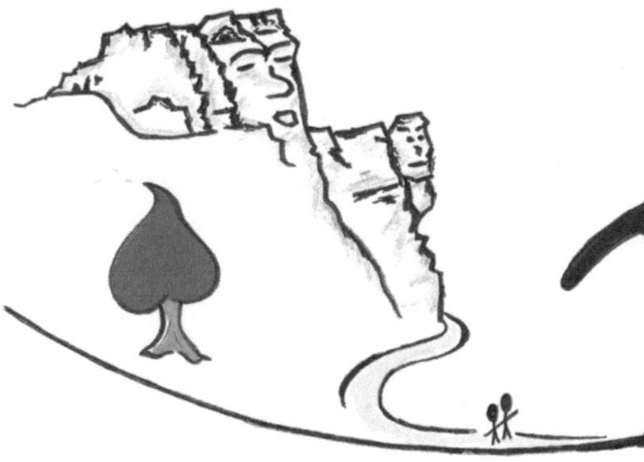

Die Weggefährten

Die Zeitschrift von „Sagenhafter Harz"

Jahrgang 2019

Bibliografische Information der Deutschen Nationalbibliothek: Die Deutsche Nationalbibliothek verzeichnet diese Publikation in der Deutschen Nationalbibliografie; detaillierte bibliografische Daten sind über dnb.d-nb.de abrufbar.

Die Erzähler von „Sagenhafter Harz"

Carsten Kiehne gehört seit vielen Jahren zu den renommiertesten Kennern der Harzer Sagenwelt. Als Autor und Herausgeber vieler Bücher wie "Die bekanntesten Sagen aus dem Ostharz & ihre geheime Bedeutung", "Mythen, Sagen und Märchen um und über Thale", "Kräutersagen aus dem Harz", "Sagenhaftes Glück" und "Sagenhafte Sagensammler" sowie TV- Auftritten wie in der MDR Produktion "Wie die Roßtrappe und Bode ihren Namen bekamen" ist er überregional bekannt. Als Initiator der Interessensinitiative "Sagenhafter Harz" gibt er Workshops und Führungen zum Thema im gesamten Harz.

(Dipl.Soz.Päd., Autor, Sagenerzähler, Wanderführer, Reikimeister, Meditationslehrer > www.sagenhafter-harz.com)

Maria-Kathleen Zorn fasziniert seit Jahren Groß & Klein als Märchenerzählerin. Beim Erzählen liebt sie das Strahlen in den Augen ihrer Zuhörer. Besonders wichtig ist ihr das gemeinsame Reflektieren der Geschichten im Anschluss an die Märchenstunden, da man sich über die Symbolsprache der Märchen & die darin wohnenden, tiefen Heilbilder, durch Gespräche, Rollenspiele oder Traumreisen, selbst erfahren kann.

(Sozialpädagogin B.A., Märchentherapeutin, Märchenerzählerin, Maltherapeutin für LOM, Reiki Meisterin > www.goldmaria.de)

Impressum

Texte:	© Copyright by Carsten Kiehne
Fotos:	© Copyright by Carsten Kiehne & Stefan Herfurth
Veröffentlichung:	Januar 2020, 1. Aufl.
ISBN	978-3- 750433656
Herstellung & Verlag:	BoD – Books on Demand, Norderstedt
Satz & Layout:	Sagenhafter Harz
Herausgeber:	Selbstverlag SAGENHAFTER HARZ
	Grünstr. 20, 06485 Bad Suderode

www.sagenhafter-harz.com & www.reiki-im-harz.de
carsten.kiehne@gmx.net

Willkommen bei den Weggefährten – der Sagen- & Märchenzeitschrift

Liebe Leserin bzw. lieber Leser,

in deinen Händen liegen die ersten vier Ausgaben unserer kleinen aber hoffentlich feinen Zeitschrift, in welcher wir für euch nicht nur Geschichten, Rätsel, Rituale, Buch- & Wandertipps, Infos zur Initiative, Wissenswertes über Sagen, sondern auch jede Menge Unprofessionalität und Rechtschreibfehler versteckt haben. Wir bitten das schon im Vorfeld zu entschuldigen, sind wir doch allesamt keine Redakteure, Lektoraten oder Verfechter der Rechtschreibreform, sondern schlichtweg mit Begeisterung bei unserer Sache. Wenn du also einen Rechtschreibfehler findest, darfst du ihn behalten & dich freuen, dass du gescheiter bist als wir! 😉 Außerdem: Wo, wenn nicht in einer Sagenzeitung, hätte der Fehler-Teufel ein Anrecht darauf, sich auszutoben?! Auch erheben die meisten Sagentexte keinen Anspruch auf geschichtlich einwandfreie Recherchen (wie wäre das auch möglich, wissen wir doch, dass Geschichte immer vom Gewinner geschrieben wird & Resultat des eben vorherrschenden Zeitgeistes ist)! Wir geben die Texte so wieder, wie wir sie in alten Sagenbüchern vorgefunden haben: Der Inhalt ist nicht verändert, der gleiche rote Faden, nur die Sprache hier und da angepasst, damit wir unsere Altvorderen, ihre Ideen, Gedanken und Meinungen, heute überhaupt noch verstehen können. Mittlerweile verfügt die Interessensinitiative über rund 500 Sagenbücher, insgesamt über 1500 Veröffentlichungen den Harz betreffend – wohl eine der größten Privatsammlungen Deutschlands, aus der wir für dich, manch verborgenen Schatz ans Tageslicht befördern!

Weißt du noch, wie's früher war ...?

Da hatten wir noch Zeit, im Sommer den Erdbeeren beim Rotwerden und im Winter, den Schneeflocken beim Schweben zuzuschauen. Oma oder Opa saß vorm Kamin, in dem ein lustiges Feuer knisterte, nahm ein steinaltes Buch hervor und fragte lächelnd: *„Mein liebes Kind, soll ich dir eine Geschichte erzählen?"*

„Na klar!!!" Mit offenem Munde sehe ich mich am Boden sitzen und lausche den atemberaubend spannenden und wunderschönen Sagen & Märchen. Ich träume mich in längst vergessene Zeiten, auf mächtige Burgen, in tiefdunkle Höhlen, in denen gewaltige Schätze liegen eben oder auf riesige Felsen. Hier fühle ich mich im siebten Himmel.

Nach über 10 Jahren, in denen ich als SAGENSAMMLER unterwegs bin, weiß ich Eines: *„Kindern erzählt man Geschichten, damit sie einschlafen. Erwachsene lauschen den Sagen & Märchen, um aufzuwachen!"*

Sagen sind voll von dem alten Wissen unserer Ahnen: Mit welchen Zauber-Kräutern heilten sie? Was taten sie, um entstandenes Unrecht zu bekämpfen oder widergutzumachen? Wie schmiedeten sie ihr Glück? – In jeder Sage steckt ein verborgener Schatz, den es zu heben/ein geheimer Sinn, den es zu entschlüsselt gilt. Hast du Lust dem auf den Grund zu gehen?

Die HERZENS-ZIELE unserer Interessens-Initiative sind:

– Mythen, Sagen & Anekdoten der Region Harz sammeln & katalogisieren
– diese alten Geschichten, Interessierten frisch aufzubereiten & neu zugänglich machen
– die Region Harz neu zu vermarkten & auf eher unbekannte, touristische Ziele hinzuweisen

> unser Hauptanliegen aber ist, durch Heimatgeschichte, Heimatgefühl zu wecken!

„Viel Spaß nun dabei, mit unserer Zeitung, das schönste Mittelgebirge der Welt, mit neuen Augen zu sehen, mit allen Sinnen zu erleben & zu genießen!"

Ausgabe 1/2019

Die Weggefährten

Sagen & Märchen als Weggefährten

Frühjahrsausgabe der Zeitschrift von „Sagenhafter Harz"

(von Maria-Kathleen Zorn & Carsten Kiehne)

Carsten Kiehne   carsten.kiehne@gmx.net - 0160/99557252   www.sagenhafter-harz.com

Auf ins neue Jahr …

Fliegende Tomaten

Die Tomaten sind doch noch gut!", sagt Maria-Kathleen und holt die schon weichen Nachtschattengewächse aus der Schale, die zum Kompost soll. „Gut? Die sind schon voll matschig!", antworte ich, worauf sich spöttisch ihr Gesicht erhellte. „Genau richtig, um sie irgendwo gegenzuwerfen.", grollte sie. Im Garten aber, als wir die passende Zielscheibe gefunden hat-

ten, geschah das Wunder: In dem Moment, als Maria-Kathleen mit aller Kraft ihrem Zorn Ausdruck geben wollte, kam ein wunderschöner Schmetterling geflogen und setzte sich mitten auf das Brett. „Kannst du mal weiterfliegen?", fragte ich lachend aber, nein, das wollte er nicht! Scheinbar genießend saß er in der Sonne …, bis zu jenem Zeitpunkt, da wir beschlossen: „Na, dann eben nicht!" Kaum aber hatten wir uns

abgewendet, flog der Schmetterling davon. Aber, was war aus dem Zorn geworden? Der hatte sich eben auch … vollkommen verflüchtigt!

… Das sich unsere Heimatgeschichte nicht verflüchtigt, haben wir vor 5,5 Jahren die Interessensinitiative „Sagenhafter Harz" begründet. Mittlerweile reisen wir von Ost nach West & von Nord nach Süd, durchstreifen jeden Buchladen, jede Touristik-Information & jeden Heimatverein auf der Suche nach Harzer Mythen, Märchen, Sagen & Anekdoten, die nicht vergessen werden dürfen. Dem Erhalt der Erzählungen hat sich unsere

Gemeinschaft verschrieben & veröffentlicht aus diesem Grund diverse Sagensammlungen, so z.B. in unseren Büchern, bei facebook & auf youtube! Wir wollen damit Einheimische & Touristen gleichermaßen begeistern & dazu animieren, den Harz sowie dessen sagenumwobenen Orte kennenzulernen! Lasst uns also auf die Beine kommen, auf dass wir uns gegenseitig inspirieren und verstehen:

Das Leben schreibt die besten Geschichten!

Viel Spaß nun & harz'liche Grüße, eure Sagen- & Märchenerzähler Carsten & Maria-Kathleen

Inhalt

5

Öffentliche Termine

Tag	Zeit	Veranstaltungsname	Preis
Jeden Dienstag	18.30-20.30	Sagenhafter Abendspaziergang oder Märchenabend, Paracelsus-Harzklinik, Bad Suderode	Spende
18.04.	14.30-16.30	Kulinarischer Spaziergang durch Quedlinburg	ausgebucht
22.04.	05.00-08.00	„Osterwasser holen" – Alte Osterbräuche wandernd erleben, Bad Suderode	15,- € pP
27.04.-28.04.		Wochenendworkshop „Achtsame Schritte auf dem Teufelsmauerstieg", Bad Suderode	160,- € pP
16.05.	19.00-20.30	Buchvorstellung „Sagenhafter Nordharz", Buchhandlung Böhnert, Goslar	?
18.05.	15.00-16.30	„Hexen & Räuber" – Sagen für Kinder, Jugendclub Haltestelle, Quedlinburg	-
25.05. – 26.05.	09.00-15.00	Wochenendworkshop „Grundlagen der Meditation", Bad Suderode	160,- € pP
01.06.	14.00-15.30	Sagenhaftes Halberstadt für Groß & Klein, Touristeninformation Halberstadt	Ab 9,- € pP
22.06.	?	Kraftplatzwanderung zur Sommersonnenwende	25,- € pP
24.08.	14.00-15.30	Sagenhaftes Halberstadt für Groß & Klein, Touristeninformation Halberstadt	Ab 9,- € pP
24.08.	16.00-21.00	Parkfest in den Spiegelsbergen, Stadt Halberstadt	?
30.08.	18.00-19.30	Buchlesung „Sagenhafter Südwestharz", Buchwichtel, Bad Lauterberg	?
07.09.-08.09.	11.00-18.00	Buchvorstellung „Sagenhafter Südharz", Stolberger Lerchenfest, Hotel zum Kanzler	-
20.09.-22.09.		Basis-Workshop zum Sagen- & Märchenerzähler, Bad Suderode	190,- € pP
…	…	*Freut euch auf mehr …*	

Natürlich wird es weit mehr öffentliche Termine geben (Buchvorstellungen, Workshops, Kraftplatzwanderungen etc.), die aber freilich erst im Laufe des Jahres hinzugefügt werden können. Wir bitten um Verständnis, dass die meisten unserer Veranstaltungen nur eine begrenzte Teilnehmerzahl zulassen. Hier gilt also die Regel: „Wer sich zuerst verbindlich anmeldet, bekommt den Platz!" (Als verbindlich angemeldet gilt jene Person, deren Teilnehmerbeitrag auf unserem Firmenkonto eingegangen ist – Kontodaten nur auf Anfrage!)

Lust eine individuelle Führung zu buchen?

Selbstverständlich könnt ihr uns für euer Event (Geburtstag, Hochzeit oder ein etwaiges Jubiläum) gerne buchen! Fragt doch einfach mal an! für Gruppen von 5-105 Jahren (ausnahmsweise auch für noch weisere Menschen 😊) erstellen wir gerne individuelle Führungen oder Erzähl-Veranstaltungen! (Preise je nach Vereinbarung)

Carsten Kiehne   carsten.kiehne@gmx.net - 0160/99557252   www.sagenhafter-harz.com

Vergangene Veranstaltungen

Die letzten Monate

Wow, was war das für ein Start ins neue Jahr? Unsere Reihe der „**Kraftplatzwanderungen**", die im November 2018 am Hübichenstein bei Bad Grund begann, haben wir mit der zweitägigen **IMBOLC-Veranstaltung** am Hexentanzplatz & an der Rosstrappe fortgesetzt. Hier ging es darum, ganz bewusst, den Winter (auch die inneren „alten" Themen) zu verabschieden und den Frühling zu rufen, im übertragenen Sinne auch die eigenen Lebenskräfte wachzurütteln und darüber nachzusinnen, welche Saat wir in diesem Jahr aufs Feld bringen und schließlich ernten wollen (z.B. das Visionieren der eigenen Berufung). Immer wieder finde ich es aufregend, eine Gruppe mittels der Sagen und Märchen, mit der Kraft des Ortes und Initiationsritualen, in den Kontakt mit dem sagenumwobenen Platz und sich selbst zu bringen. Fortsetzen werden wir die Reihe mit den Veranstaltungen „Osterwasser holen" & „Achtsame Schritte auf dem Teufels-mauerstieg". (siehe Termine)

Ein Höhepunkt war wie immer, die **Geburtstagswanderung** von unserem Fotografen (siehe Foto unten) Stefan Herfurth, der mit Sagenhafter Harz jedes Jahr eine Großgruppe durch Täler und Berge scheucht. Insgesamt erfreuten sich etwa 80 Personen an einer atemberaubenden Harzer Kuriosität der Extraklasse: Den Höhlenwohnungen bei Langenstein.

Das am Ende der Tour eingesammelte Hutgeld wurde, wie es guter Brauch bei uns ist, am Ende gespendet und dem Verein „Langensteiner Höhlenwohnungen e.V." direkt übergeben: Stolze 315,-€ ! ☺ (Vielen Dank hier noch einmal, an alle Unterstützer der Tour und all die spendablen Wanderer!)

Am **Fallstein-Gymnasium** in Osterwieck durften wir im Frühjahr verschiedene Klassenstufen davon überzeugen, dass Heimatkunde Spaß machen kann und Sagen keineswegs langweilige, sondern hochspannende Geschichten sind. In jeder alten Erzählung versteckt sich ein „geheimer Sinn", der womöglich, in der aufwirbelnden Phase der nahenden Pubertät, unterstützende Wege aufzeigt!

Nicht zuletzt, unternimmt das Team selbstverständlich unzählige Wanderungen, Exkursionen, Besuche von Museen & Heimat-vereinen, um immer wieder interessante Ausflugs-tipps für euch parat zu haben. Hervorzuheben wären hier unsere Recherche-Tage im Südharz, in der wir die sagenumwobenen Orte von Sangerhausen bis Nordhausen besuchten, um euch im Sommer das Buch „Sagenhafter Südharz" präsentieren zu können.

Bleibt gespannt auf das, was kommt!

Zeit für Sagen & Märchen

Giersch &

„Was es mit ihm auf sich hat"

Vor vielen hundert Jahren lebte in Gernrode ein Bauer, Gero Hirsch mit Namen. Er hatte nicht viel, aber auch nicht wenig und gab gerne, so viel er konnte. Aber mit diesem Bauern war's nicht richtig, denn er gab auch, wenn er kaum mehr etwas zu Geben hatte. Ja, es war allgemein bekannt, dass ein „Nein" nie über seine Lippen kam, er irgendwie mit zu viel Güte im Herzen geboren wurde. - So forderte die Äbtissin des Stifts nicht nur den Zehnt von ihm, sondern nahm ungefragt das Doppelte. Der Gemeinderat lieh zwei seiner Kühe, vergaß aber, sie zurückzugeben, und der Bauer getraute sich nicht, sie zu fordern. - Eines schönen Tages hielt eine Kutsche neben seinem Hof, der Stiftshauptmann Quedlinburgs winkte ihn heran, befahl Trinkwasser herbeizuschaffen, denn es quälte ihn gewaltiger Durst. Prompt kam Elisabeth, das schöne angetraute Weib des Bauern Hirsch, mit einem Krug besten Quellwassers und gab dem Edlen zu trinken.

Der Stiftshauptmann aber, kaum hatte er in das Antlitz der Frau gesehen, vergaß seinen Durst und befahl dem Bauern, dass sich dessen Weib umgehend in den Dienst als seine Kammerfrau zu stellen habe. Unfähig, dem hohen Befehl etwas entgegen zu setzen, musste der Bauer mit ansehen, wie seine Frau auf der Kutsche des Stiftshauptmanns gen Quedlinburg fuhr. Was sollte er auch tun? Das Dienen war schließlich seine Pflicht, oder nicht?

Unfähig, etwas gegen das Unrecht zu tun, und unfähig zu weinen, arbeitete er für vier, aber nur drei Monde lang, dann schmerzten seine Gelenke und schwollen aufs Doppelte ihrer Größe an. Bald darauf konnte er sich kaum mehr ohne Schmerzen wenden, und seine Hände, die das schwere Schaffen gewohnt waren, konnten kaum mehr etwas greifen.

Fest waren sie zu Fäusten verkrampft. Nur eine Kräutermuhme wusste Rat: „Starre zieht in die Gelenke ein? Da kannst Du lang' auf Linderung warten. Bauer, du hast das Zipperlein, doch Heilung wächst in deinem Garten!" Sie empfahl zu schauen, welche Kräuter in den letzten drei Monden verstärkt die Beete füllten. „Hirsch versteh', dass es sich so verhält, dass bei dir wächst, was du im Glück und Leid bestellt!" – Tatsächlich, ein genauer Blick in seinen Garten ließ ihn wach werden.

Hier wuchs tatsächlich ein neues Kraut – in allen Ecken. Er aß die frischen Blätter, trank seinen Tee aus den trockenen und ließ sich aus zerquetschten Blättern Wickel auf alle schmerzenden Glieder legen. Nach drei Tagen – dem Gott im Himmel sei gedankt – war der Schmerz vergessen und er fühlte sich so frisch und kräftig wie nie zuvor.

Am gleichen Tag besuchte er den Stiftshauptmann zu Quedlinburg und forderte sein Weib zurück. „Die Frau bleibt!", sagte der Edelmann und jetzt geschah das Unfassbare. Gero Hirsch sagte entschieden „Nein!" und es kam ihm ganz leicht von den Lippen und fügte hinzu: „An ihrer statt möchte ich Ihnen dienen." Auch die Kühe bekam er mit dem Zins zweier Kälber zurück, verkaufte seinen Hof in Gernrode und zog nach Quedlinburg, wo die Hirschs noch immer wohnen.

8

Carsten Kiehne   carsten.kiehne@gmx.net - 0160/99557252   www.sagenhafter-harz.com

Natürlich hat sich das Wunder der schnellen Heilung des zuvor todkranken Gero Hirsch rasch herumgesprochen. Und weil die Harzer zu viel zu tun haben, um jede Silbe langsam auszusprechen (andere sagen schlicht, sie nuscheln), ward bald die Geschichte vom „Gerhiersch" und schließlich vom „Giersch" in allen deutschen Landen bekannt. Der Giersch ist ein schmackhaftes Heilkraut gegen Rheuma und Gicht, weiß man heute. Aber schon bei den Römern war Giersch als Gemüse (Spinatersatz) und als Heilpflanze beliebt.

In Klöstern wurde er sogar angebaut, doch damit sei vorsichtig: Wächst er einmal im Garten, wirst Du ihn nie wieder los. Es gibt nur eine einzige Möglichkeit sich wieder vom Giersch zu trennen: Umziehen! ☺

Kräuterwissen zum Giersch

Der Giersch wächst das ganze Jahr über und soll ein hervorragender Helfer gegen Frühjahrsmüdigkeit, Rheuma, Gicht und Antriebslosigkeit sein. Ich nutze die frischen jungen Triebe für den Salat, die größeren Blätter koche ich als „Spinat-Variante" und das trockene Kraut, wird als Tee aufgebraut. Mindestens 3 Wochen lang, 3 Tassen täglich getrunken, entfaltet er seine größte Kraft. (aufgeschrieben von Sabrina Kiehne)

(dem Volke abgelauscht & aufgeschrieben von Kiehne, mit Rezepten von Sabrina Kiehne & Illustrationen von Jelka Lüdtke in „Kräutersagen aus dem Harz", 186 S., 19,99-€)

9

Die limitierte Postkartenkollektion von „Sagenhafter Harz" des Jahres 2018, illustriert und gesetzt von jellygrafix (Jelka Lüdtke), gab es zum 5jährigen Geburtstag am 19.Seotember 2018 unserer Interessensinitiative zu gewinnen – jetzt sind sie auch für 5,-€ bestellbar – nur bei „Sagenhafter Harz" ☺

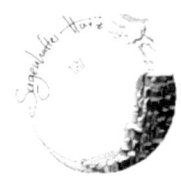

Ein sagenhaftes Frühjahr?

Finde mind. 15 Wörter, die sinnvoll etwas mit den Sagen von Bad Sachsa bis Osterode zu tun haben. Viel Spaß und viel Erfolg, Euer Team von Sagenhafter Harz! 😊

D	T	E	U	F	E	L	S	B	A	D
I	T	K	A	Y	H	N	S	U	S	O
E	O	U	R	T	C	I	A	S	E	R
L	G	S	F	I	I	E	X	I	N	E
H	R	S	G	M	E	W	N	R	A	T
U	U	R	N	E	L	L	O	H	D	S
F	N	E	U	R	Z	H	T	O	O	O
P	D	G	J	E	N	F	L	O	W	L
N	L	I	R	I	A					
E	O	S	E	B	T					
S	S	T	T	E	G					
H	J	E	T	T	E					
C	H	R	U	M	I					
O	A	H	L	J	S					
E	M	U	H	R	T					

Sagenhafter Südwestharz — Carsten Kiehne. Die schönsten Geschichten und Legenden. SUTTON GESCHICHTE

Gewinne mit etwas Glück das Buch „Sagenhafter Südwestharz"!
Einsendeschluss: 01.06.2019; Lösungen an: carsten.kiehne@gmx.net

Carsten Kiehne   carsten.kiehne@gmx.net - 0160/99557252   www.sagenhafter-harz.com

„Raubritter der Grillenburg"

Einst hatte man dem Grafen von Mansfeld seinen größten Schatz gestohlen. Nein, nicht etwa schnöden, goldenen Tand! Sein Weib ward ihm geraubt worden und niemand wusste, wer sich solchen Frevel erdreistete und wohin seine Geliebte gebracht worden war. So verkleidete er sich als Minnesänger und zog durch den ganzen Harz, stimmte vor jeder Burg sein Liedchen an, welches seine Holde nur zu gut kannte. Doch nirgendwo bekam er Antwort, bis es der Troubadour eines Sommerabends an der gewaltigen und unbezwingbaren Grillenburg versuchte.

Wie hunderte Male zuvor, nahm er also seine Klampfe hervor und sang: „Oh Liebste, hast du die Lippen mir wund- geküsst, so küsse sie nun wieder heil und, wenn du bis zum Mondenschein nicht fertig bist, so hat es auch gar keine Eil ...!" - Da

verstummte er kurz schluchzend und hörte aus dem tiefen Verließ eine wohlbekannte Stimme leise seufzen: „Du hast ja noch die ganze Nacht, du Herzallerliebster mein ..., wir könnten in so einer holden Nacht, viel küssen und selig sein!"

Nun wusste er, dass die Raubritter dieser Feste sein treues Weib entführt hatten. Der Mansfelder holte seine besten Männer herbei und erklomm heimlich die hohen Mauern ... - oh, wie gerne hätte er der Burgbesatzung öffentlich die Fehde geschworen, die

Grillenburg bis zum letzten Stein geschliffen, aber welches Schicksal hätte dann seiner Liebsten gedroht? Am anderen Morgen, als die Sonne gerade mit ihren ersten Strahlen die einst noch unbewaldete Hügelkuppe küsste, da schrie der Raubritter auf dessen Feste wütend auf, fand er doch ein leeres Verließ und volltrunkene Wachen vor. Noch zur selben Stunde mussten jene Unglücklichen sein Schwert küssen. Einige Stunden von hier aber küsste der Graf von Mansfeld seine befreite Liebste.

Es heißt auch, während der Befreiungsaktion hätten einige Frauen Bärlauch an den Hängen der Grillenburg gepflanzt. Dieses nach Knoblauch riechende Heilkraut würde sich rasch überall ausbreiten und den Umtriebigen verraten. Wenn jetzt der Ritter irgendwo auf der Lauer liegt, würde man ihn nämlich schon von Weitem am Lustgeruch seiner Kutte erkennen. Harzer Jung- frauen also sind gewarnt: Kommen sie im Walde an eine Stelle, an der es unverkennbar nach Knoblauch bzw. Bärlauch riecht, sollten sie auf der Hacke kehrtmachen, denn sicher liegt dort der Grillenburger irgendwo im Unterholz!

(aufgeschrieben von Carsten Kiehne in "Sagenhafter Südharz" - erscheint voraussichtlich August 2019)

TIPPS: Bärlauch sammeln, Besuch des Burgmodells in Grillenberg, Stempel 208 der „Harzer Wandernadel", Besucherbergwerk Röhrigsschacht in Wettelrode

11

Der Gläserne Mönch

(Halberstadt)

Ob der Teufel auf dem Domplatz, die Schicksalgöttinen im Klus, der Riese in Harsleben, oder Zwerge in der Altstadt … zwischen Himmel und Hölle war, um Halberstadt herum, wohl einiges los. Zumindest, wenn man der Sagenwelt Glauben schenken möchte. Und auch Gott selbst ließ sich sehen: Am Huy schenkte er den Menschen eine Heilquelle, ließ auch andersweitig heilsame Wunder geschehen, mahnte mit dem blutenden Schwert an der Liebfrauenkirche, strafte aber auch all jene, die seine Regeln nicht beherzigten:

So auch einen Mönch und eine Nonne, die sich eines Tages an den Thekenbergen getroffen haben sollen. Obwohl sie Keuschheit geschworen hatten, konnten beide nicht voneinander lassen. Zu süß keimte eine Sehnsucht in ihrer beider Herzen. In dieser Liebe zum anderen, hörten sie Gott wahrhaftig sprechen. Wie sollte es da gut und richtig sein, ihre Zuneigung zu verleugnen? Doch natürlich ward das Sehnen nicht von Gott gegeben. Der Teufel höchstpersönlich hatte ihm lüsterne Gedanken eingehaucht und ihr hundert Wünsche ins Herz gepflanzt. Und als sich Mönch und Nonne wiedersahen, da standen sie in ihrem Verlangen ganz gläsern voreinander. Kein Himmelsschwur war so mächtig, ihre Körper voneinander abzubringen.

Doch was in einer sanften Berührung ihrer Hände begann, das endete in Blitz und Donner. Es erzürnte Gott dermaßen, dass er Blitze auf die Elenden herniederschmiss und der Himmel grollte und die strahlenden Engel Gift und Galle spuckten. Als „Gläserner Mönch" stehen beide Sittenstrolche zu Stein verwandelt bis zum heutigen Tage und bereuen sicher zutiefst, dass sie sich liebten!

Den Beinamen „gläsern" bekam der Felsen übrigens vom Volksmund, weil der Sandstein bei entsprechender Sonneneinstrahlung zu leuchten bzw. zu glänzen (altdeutsch „glaren") begänne. Interessant an dieser Sage ist freilich ihr wahrer Kern, denn jener Ort war früher dem germanischen Gott Thor geweiht, darum der alte Name Thorstein. Gemeint ist der Sohn von Wodan und Njörd (so gesehen von Himmel und Erde). Er ist Verkörperung von Blitz und Donner, der Wetter und Vegetationsgott und nahm bei unseren Vorfahren eine wichtige Stellung ein.

Carsten Kiehne   carsten.kiehne@gmx.net - 0160/99557252   www.sagenhafter-harz.com

Immerhin war Thor zuständig für lebenswichtige Arbeiten, wie Aussaat und Ernte.

Tatsächlich beweisen zahlreiche Funde (u.a. Hockergrab mit Bronze-Nietendolch) im Umfeld des „Gläsernen Mönches", dass diese Felsformation seit der frühen Bronzezeit urgermanische Kultstätte war. Ein heiliger Ort, zu dem man einst ging, um zu bitten, zu opfern und in Gemeinschaft Rituale zu begehen. Thor sollte helfen, den Leib und das Feld fruchtbar zu machen. Freilich feierte man die

Feste einst … „inbrünstiger" als heute: Tänze, welche die Fruchtbarkeit fördern sollten, erforderten oft den ganzen Körpereinsatz.

Am Ende lag wohl alles sinnlich erschöpft in- und übereinander, wie Goethe es so treffend in seinen Abhandlungen zur Walpurgisnacht im Harz beschrieb.

Ich kann mir also gut und gerne vorstellen, dass dieser Ort der Fruchtbarkeit den christlichen Missionaren Bauch-schmerzen und Kopfzerbrechen bereitete. Um moralischen Konventionen zu genügen, wurde die Geschichte kurzerhand umgedeutet: Unzucht treibende Geistliche werden versteinert, wenn sie den hohen Geboten der Kirche zuwiderhandeln. Gott im Himmel lacht sich sicher scheckig! 😉

Doch die Frage bleibt, welchen Sinn die Sage und der zugehörige Kraftort für die Menschen haben, die im Hier & Jetzt leben?

Ich empfinde es so, dass u.a. Märchen und schöne Ort in der Natur, oft eine belebende, heilende Wirkung in uns entfalten.

Sagen erzählen oft von „heil"igen Orten und berichten, was Menschen dort taten oder tun sollen, um dem „rechten Pfad" zu folgen, z. Bsp. Glück zu erlangen. Mich laden solche Sagen ein, aus dem hektischen Alltag auszu-steigen, innezuhalten, in mich hinein zu spüren und meiner Umwelt achtsamer, sinnlicher zu begegnen. (aufgeschrieben von Carsten Kiehne)

Event-Tipp

Vielleicht sehen wir uns ja beim Parkfest in den Spiegelsbergen in Halberstadt am 24. August (14-15:30 Uhr) & klönen über dieses spannende Thema – Lust & Zeit?! 😉

13

Kinder-Sagenseite

Finde 10 Fehler im oberen Bild und umkreise sie!

Möchtest du das untere Bild ausmalen?

14

Aus unserem Buch:

„Die Sage der Rosstrappe"

Carsten Kiehne   carsten.kiehne@gmx.net - 0160/99557252   www.sagenhafter-harz.com

Heilende Geschichten

Das Herz öffnen

Bevor du die nachfolgende Sage liest, suche dir einen schönen Platz, an dem du einige Momente aus dem Alltag aussteigen & entspannen kannst.

Jetzt atme einige mal ein & aus, höre die Worte nicht mit deinem Verstand, denke nicht darüber nach, sondern lese & lausche dem Märchen mit deinem Herzen. Lass dich berühren!

Das Herz eines Baumes

Einst beschloss ein Bauer im Harz einen Baum zu pflanzen, das müsse man nämlich getan haben in seinem Leben, damit es ein erfülltes Dasein wäre. Wie er den Setzling einer Mispel in die Erde steckte und ihn goss und ihm sagte, dass es ein stolzer und wunderschöner Baum werden würde, da erwachte das Bäumlein zum Leben! Es streckte kichernd seine Wurzeln in die Erde, reckte sich wollüstig gen Himmel, ließ sich von den sanften Winden streicheln, spürte zum ersten Mal, wie die Sonne seinen kleinen Leib wachkitzelte, schmeckte den süßen Regen und fühlte sich mit jeder seiner Poren geliebt. Diese Liebe ließ ihn aufgehen, immer mehr und mehr und der Bauer freute sich darüber, … bis er eines Tages merkte, dass die Mispel schief zu einer Seite wuchs. Das war die Sonnenseite, nachdem sich der Kleine begierig dehnte. Auch die Bäuerin meinte, dass ein anständiger Baum so schräg nicht wachsen dürfe, weshalb der Bauer seine Astschere holte und die längeren Äste einfach beschnitt. In dieser Nacht weinte das Bäumlein und konnte nicht verstehen, dass es nicht treiben durfte, wie ihm das Herz stand, doch sein Vater der Bauer, der liebte es ja und musste es schließlich wissen. Also wuchs das Bäumlein mit aller Kraft kerzengerade gen Himmel.

„Was ist denn das?", fragte der Mann nach einiger Zeit, „So unverschämt schnell zu wachsen, das ziemt sich nicht!", sagte er und schnitt die Spitze kurzerhand ab. Diesmal weinte das Bäumlein schon weniger und wuchs, weil man es anders nicht ließ, stoisch in die Breite. Doch auch hier entgegnete die Bäuerin, dass auch der Nachbar finde, dass ein rechter Baum sich zügeln müsse, nicht zu dünn und nicht zu dick werden dürfe, worauf der Bauer wieder zur Schere griff. In dieser Nacht hatte unser Baum keine Tränen mehr, wuchs nur noch langsam, eben wie es sich gehörte und ließ auch an den schönsten Tagen trübe seine Blätter hängen … und die Jahre vergingen.

Einmal kam ein junges Mädchen mit ihrem Vater durch den Garten gelaufen und sah den mittlerweile groß gewordenen Baum, blieb stehen und sprach: „Vater, findest du nicht auch, dass dieser Baum traurig aussieht?" – „Dieser Baum heißt Mispel, meine Kleine, aber ob sie traurig ist, kann ich nicht sagen!", antwortete der Große, der wenig auf die Hirngespinste der Kleinen gab. Erst als das Mädchen ganz stumm an seiner Hand mit nach Hause trottete und auch dort noch betrübt am Tische saß, sah er sie wirklich an. Stumm lief da ein Rinnsal salziger Tränen aus ihren großen, rehbraunen Äuglein. Dann begann sie lauter zu weinen, dass man den Baum ganz sicher zu oft beschnitten habe. „Aber es ist doch normal, dass man einen Baum beschneidet!", entgegnete der Vater und setzte hinzu, „Es gibt eben Regeln und niemand darf einfach machen, was er will. Auch du nicht meine Kleine!" – „Aber, warum denn nicht!", schluchzte das Mädchen, „Du hast mich doch lieb?" – „Natürlich liebe ich dich!", sagte der Vater, nahm sein Töchterlein endlich auf den Schoß, drückte es fest an seine Brust und spürte, wie auch ihm die Tränen kamen. Weshalb man nicht wachsen dürfe, wie man wolle, konnte auch er eigentlich nicht sagen. Vielleicht ja, weil dann alle spüren würden, dass sie irgendwann in ihrem Leben zu oft beschnitten wurden!

Nach einer ganzen Weile verebbten die Tränen und die Kleine lachte plötzlich auf: „Vater, lieber Vater, ich weiß, was zu tun ist!" Sie sprang von seinem Schoß und rannte los, rannte so schnell, wie sie konnte zum Bäumchen, streichelte ganz vorsichtig dessen knorrigen Stamm (ebenso, wie sie vom Vater gerade gestreichelt wurde) und flüsterte, wieder mit einem Tränlein in ihrem Auge: „Ich hab' dich lieb, mein Großer. Ich hab' dich lieb und werde jetzt öfter nach dir sehen!" – Und zum ersten Mal nach vielen Jahren, regte sich das Baumherz aufs Neue, die Mispel erwachte und fragte sich tief in ihrem Innersten, ob das wirklich wahr sein konnte oder sie nur geträumt hatte.

Nein, es war kein Traum gewesen, denn von da an kam das Mädchen fast täglich zum Baum, streichelte seine Rinde und sagte ihm, wie schön er war und der Baum, ob ihr's glaubt oder nicht, der blühte langsam wieder auf. Bald gewahrten auch der Bauer und dessen Frau, dass das Dirn täglich kam, um mit der Mispel zu sprechen. Das Kind müsse sicher verrückt sein, meinten sie, doch weil sie neugierig waren, gingen zu der Kleinen hin und fragten: „Was redest du da für wirres Zeug mit einem toten Ding?" – „Habt ihr denn nicht gesehen", entgegnete das Mädchen entgeistert, „dass der Baum traurig war?" Skeptisch beäugten die beiden Alten ihre Mispel. Da sah das Mädchen, dass nicht nur der Baum eine große Portion Liebe nötig hatte. Von jenem Tage an, standen die Alten gemeinsam mit dem Mädchen und ihrem Vater an der Mispel, berührten sie achtsam, lachten gemeinsam … und der Baum, der fühlte sich wie neugeboren. Zuerst wuchs er ganz wild in die Breite, als wolle er seine Freunde umarmen, dann schräg hinunter zum Boden, als wenn er sich reckte und dann kreuz und

quer gen Himmel, nur um vielleicht doch noch irgendwann eine Wolke küssen zu können.

Im ganzen Harz, gab es keinen zweiten Baum, der so schief … aber wunderschön … gewachsen war, wie dieser. Viele haben schon vor ihm gestanden und sich gewundert … und sich gefreut … und all jenen Menschen, flüsterte unsere Mispel zu: „Wachse, wie du willst … und werde, wer du wirklich bist!" *(aufgeschrieben von Carsten Kiehne nach Heinz Körner)*

16

Phantasiereise

Wie geht es dir mit diesem Märchen? Welche Gefühle werden in dir wach?

Stell dir jetzt vor, du bist ein Baum. Verwurzle dich tief in der Erde. Jetzt recke dich gen Himmel. Spüre die Sonne, den Wind & den Regen in deiner Baumkrone! Was bist du für ein Baum, wie geht es dir jetzt? Was lehrt dich diese Meditation?

Märchen als Therapie

„SAGENHAFTER HARZ" Warum Maria-Kathleen Zorn und Carsten Kiehne auf die Kunst des Erzählens von fantasievollen Geschichten setzen.

VON FELIX FAHNERT

BAD SUDERODE/MZ - Die sieben Teelichter in der Mitte des Raumes waren natürlich kein Zufall. „Die Märchentherapie orientiert sich an sieben Stufen", sagt Maria-Kathleen Zorn mit einem Lächeln. Sie muss es wissen, denn Zorn ist Märchenerzählerin und -therapeutin - und mittlerweile auch Teil der Initiative „Sagenhafter Harz". „Ich wollte sie eigentlich schon immer im Team haben", sagt Initiator Carsten Kiehne. Die beiden kennen sich bereits aus dem Studium der Sozialen Arbeit in Lüneburg. „Sagenhafter Harz", eine Initiative, die sich dem Erkunden der Heimatgeschichte und dem fantasievollen Erzählen von Geschichten verschrieben hat, hat sie wieder zueinander geführt.

So werden unter der Regie von Zorn und Kiehne verschiedene Workshops, so genannte Kraftplatzwanderungen an besondere Orte im Harz und außerdem eine einjährige Ausbildung zum Sagen- und Märchenerzähler angeboten. Im Zentrum steht dabei nicht zuletzt die heilsame Kraft des guten und fantasievollen Erzählens. „Bei den Kraftplatzwanderungen erkunden und erspüren wir in Kleingruppen Orte, erzählen Märchen und Sagen", sagt Maria-Kathleen Zorn. Ihre Arbeit mit Märchen verfolgt dabei auch therapeutische Ziele. „Es geht darum, innere Bilder zu ordnen. Denn die Bilder, die bei uns durch Märchen entstehen, sind immer Ausdruck von Gefühlen", erklärt sie. Die Märchentherapeutin hat es sich bereits seit 2013 zur Aufgabe gemacht, Menschen mit Hilfe der fantasievollen Texte zu helfen. „Das Wort Therapie mag ich eigentlich nicht", sagt Zorn. „Das klingt viel zu sehr nach Krankheit und nach Patient." Ihren „Gästen", wie sie sagt, möchte sie einen möglichen Lösungsweg aufzeigen, indem die individuelle Bedeutung der Bilder für eine Person hinterfragt und daraus Energie geschöpft werden soll.

„Die Sage bietet darüber hinaus den Lösungsweg Natur", ergänzt Carsten Kiehne. Bei den Wanderungen könnten sich die Teilnehmer so von den „Kraftplätzen unserer Vorfahren" berühren lassen. So etwa vor wenigen Wochen, als es zum Hübichenstein bei Bad Grund ging. Hier wurden in der Grotte dann Teelichter und Kerzen aufgestellt. „Es entstand eine Stille, ein heiliger Moment. Und heilig kommt von heilsam", so Kiehne. Schon an diesem Wochen-

Artikel in der Mitteldeutschen Zeitung vom 31.01.2019

Carsten Kiehne und Maria-Kathleen Zorn haben sich dem Erzählen verschrieben. FOTO: JUNGHANS

ende steht die nächste Wanderung mit Carsten Kiehne und Maria-Kathleen Zorn an. Zum „Imbolc", einem keltischen Lichtfest, wird man Hexentanzplatz und Rosstrappe erklimmen - und natürlich auch Geschichten erzählen.

„Es gibt bei den Menschen eine große Sehnsucht nach fantasievollem Erzählen", berichtet Kiehne über die große Nachfrage. „Viele Geschichten werden vergessen, es wird kaum noch adäquat

„Die Bilder sind immer Ausdruck von Gefühlen."

Maria-Kathleen Zorn
Märchentherapeutin

erzählt." Um dies zu ändern, bieten Maria-Kathleen Zorn und Carsten Kiehne auch eine einjährige Ausbildung zum Sagen- und Märchenerzähler an. „Die Leute sollen selbst rausgehen und wirklich frei erzählen, ob im privaten oder öffentlichen Raum", sagt Zorn. Gutes Erzählen sei wichtig, meint auch Carsten Kiehne - gerade in Zeiten, in denen sich hierfür kaum noch Zeit genommen werde. Viel zu oft beschäftige man sich mit Belanglosigkeiten und mit modernen Medien. „Die finde ich zum Teil gruselig", sagt er. Und muss dann schmunzelnd zugeben, dass er für „Sagenhafter Harz" natürlich auch einen Facebook-Account betreibt.

» Weitere Informationen unter www.reiki-im-harz.de/sagenhafter-harz und www.goldmaria.de. Kontakt und Anmeldungen sind über carsten.kiehne@gmx.net und Telefon 0160/99 55 72 52 möglich.

Teamseite: Die Erzähler

Schon in der Kindheit habe ich die Heilungswirkung der Märchen erfahren. War ich krank, lauschte ich oft einer Schallplatte und ich fühlte mich von den Märchen gestärkt, umsorgt … ja, auch geheilt!

Ich liebe den Moment der Stille beim Erzählen, das Staunen, Fiebern, Mitfeiern der Zuschauer …, ich liebe es, mit den Geschichten zu berühren und, dass sie uns miteinander in Berührung bringen, dass sie Prozesse auslösen, liebevolle Spiegel sind, uns Mut und Stärke schenken.

Mein Lieblingsmärchen ist immer das, was ich gerade erzähle, welches in diesem Moment lebendig wird. Derzeit sind es der „Hirte von Monte-Cristallo" & „Fatima – Die Befreiung der Träume"

Maria-Kathleen Zorn

18

Soz.Päd. BA, Märchenerzählerin & Märchentherapeutin, Malbegleiterin, Energ. Prozessbegleiterin
www.goldmaria.de - 05563 – 3540817 - laf@goldmaria.de

Der Harz und seine Geschichten verzaubern mich seit undenkbaren Zeiten. Ja, es scheint fast so, als wäre mein Herz schon immer in diesem atemberaubend schönen Mittelgebirge zuhause gewesen!

Ich liebe es, den Menschen - durch meine Begeisterung zur Heimat, ihren Schätzen & Kraftplätzen, ihrer Geschichte & Geschichten, ihrem Brauchtum, der Natur & Kultur – die Augen und Herzen zu öffnen.

Mit weitem Herzen und hellen Augen, können wir dann die Kraft eines Ortes erspüren, die Essenz eines Sagenortes wahrnehmen und diese Plätze ganz gezielt aufsuchen, wenn es z.B. um die Selbstheilung geht.

Mein Lieblingsmärchen ist definitiv „Das Herz eines Baumes", ich weine jedes Mal, wenn ich es vortrage. Die Sagen der Burgruine Regenstein berühren mich aber auch auf ganz sonderbare Art und Weise.

Carsten Kiehne

Dipl. Soz.Päd., Märchenerzähler & Wanderführer, Meditationslehrer & Reiki-Meister, Lehrer für Ganzheitliche Gesundheit, Autor & Initiator von „Sagenhafter Harz" (www.sagenhafter-harz.com & www.reiki-im-harz.de)

Die Walpurgisnacht

Jedes Jahr in der Nacht vom 30. April zum 1. Mai schob Watelinde den Steinkreis zusammen und aberhundert Raben flogen aus, um der Hexe Schwestern aus allen Herrenländern zusammenzurufen und die Walpurgisnacht nach teuflischem Brauch zu begehen. Und dann, in der schwärzesten Stunde der Nacht, kamen die Zauberweiber auf Besen, Ziegenböcken und Backtrögen kreischend und schreiend durch die Lüfte gebraust.

Der Glockenstein vibrierte und wies ihnen dabei den Weg. Wie schauerlich muss es den Bewohnern des Harzes vorgekommen sein, die diese wilde Jagd über sich herziehen hörten?

Sie verkrochen sich ängstlich in ihren Hütten, zeichneten drei Kreuze ans Tor oder brachten den Drudenfuß an der Türe an, damit der Spuk draußen bleiben müsste. Und wehe einem Wanderer, der von diesem Zug im Freien überrascht wurde – der Tod war ihm gewiss.

Wenn auf dem Hexentanzplatz alles Zaubervolk versammelt war, die Feuer sich gen Himmel züngelten und Funken stoben, quoll dichter, schwefliger Nebel aus den Höllenschlünden und der Teufel höchstselbst gab sich die Ehre. Er thronte auf dem höchsten Steine, blickte grimmig in die Runde und plötzlich herrschte Stille. Alle Blicke richteten sich gebannt auf den Gehörnten, der einen Namen nach dem anderen rief und jede Hexe und jeder Zauberer musste umgehend von seiner schlimmsten Freveltat des letzten Jahres berichten. Hierauf versuchte die wüste Schar den Höllenfürsten mit den abscheulichsten Geschichten für sich zu gewinnen. Wehe derjenigen, die nichts Furchtbares zu erzählen wusste. Sie wurde wie von Zauberhand vom Sturme gepackt, gemartert und vom Felsen herab geworfen.

Nach vollbrachter Greueltat zog der Haufen johlend, die

19

Carsten Kiehne   carsten.kiehne@gmx.net - 0160/99557252   www.sagenhafter-harz.com

tausendstufige Hexentreppe zum Bodetal hinab, denn dort hieß es, am Teufelswaschbecken, sich mit Pferdeblut weihen zu lassen. Und jede wollte die Erste sein, dem Teufel den eisernen Treueschwur zu leisten und ihm den Bocksfuß zu küssen. Mit wem würde sich der Höllenfürst wohl diese Nacht inbrünstig vermählen?

Erst der Kuss des Unterwerfens verlieh dem Zaubervolk für ein ganzes Jahr die Macht der schwarzen Magie. Dann, wenn die Schwüre getan, flog man zum Tanzplatz hinauf, um mit dem Gehörnten, den Alben, Zwergen und Faunen, frivol die teuflische Lust zu frönen. Und ein jeder lag überm anderen, und alles keuchte und stöhnte und Urian suchte sich die Braut für eine Nacht. Sein Weib Watelinde ließ es lächelnd geschehen, sie wusste es ist alter Brauch!

(aufgeschrieben von Carsten Kiehne in „Die bekanntesten Sagen aus dem Ostharz & ihre geheime Bedeutung")

Walpurgisnacht oder Beltaine

Guter Brauch war es bei unseren Ahnen, das Walpurgisfest zum 2. Frühlingsvollmond (nicht, wie heute angenommen am 30.04.) auf einer mit einem Wall umgebenen Fliehburg zu feiern, daher der Name „Wallburg-Fest". Lustigerweise fällt der diesjährige 2. Frühlingsvollmond eben auf den Karfreitag, wobei die Frage aufkommen dürfte: Was sollen wir dieses Jahr eigentlich feiern/betrauern – Jesus Ableben …

oder die wild frivolen Lustbarkeitsriten unserer Ahnen, die nach Goethe am Walperfeuer eine gewaltige Orgie begangen haben sollen!?

Unsere germanischen Ahnen feierten in dieser Nacht nämlich Beltaine, die Hochzeit von Gott und Göttin: Wotan & Frija! Ehebunde wurden wohl einst durch den öffentlichen Beischlaf bekräftigt, woran der Maibaum (als Phallus-Symbol) mit Kranz (das weibliche Gegenstück 😊) noch heute erinnern. Mit vollzogenem Geschlechtsverkehr würde die neue Fruchtbarkeit ins Land kommen, was hieß, dass der Sommer begann. - Heute würde ich davon abraten, dieses „altehrwürdige" Ritual allzu öffentlich zu begehen, es könnte mit einer Anzeige „Erregung öffentlichen Ärgernisses" enden. Der Besuch eines unserer Walpurgisfeste auf dem Hexentanzplatz, in Schierke oder in der Kreuzmühle lohnt sich aber sicherlich!

Ausflugstipp:

Das sagenumwobene Städtchen Thale mit seinen vorchristlichen Kultplätzen Kloster Wendhusen, Bodetal, Hexentanzplatz & Rosstrappe. In der Paracelsus-Harzklinik gibt es dazu hochinteressante & humorvolle Foto-Vorträge!
(siehe Termine)

20

14.07.2018 12:25:18 40,32 km/h

Die Weggefährten

Sagenhafter Harz

Sagen & Märchen als Weggefährten

Sommerausgabe der Zeitschrift von „Sagenhafter Harz"

(von Maria-Kathleen Zorn & Carsten Kiehne)

21

Carsten Kiehne   carsten.kiehne@gmx.net   0160/99557252   www.sagenhafter-harz.com

Illustriert von
Jelka Lüdtke

Ein sagenhafter Sommer …

Die wahren Schätze

*D*ie schöne Jahreszeit … der Sommer … ist scheinbar über Nacht gekommen, um uns an die Fülle, an den Reichtum des Lebens zu erinnern. Wir sollen uns also aufmachen, unser Glück zu finden. Gut, dass die Harzer Sagen uns oft von tief im Boden liegenden, versteckten Schätzen erzählen, die darauf warten, gehoben zu werden. Freilich nur, wenn man den rechten Ort, die rechte Zeit und das rechte Ritual kennt. ☺

Die Orte sind freilich rasch gefunden: Es sind die alten Burgruinen in denen Reichtümer verborgen liegen, wie auf der Lauenburg, der Questen-burg oder dem Regenstein beispielsweise. Die Zeiten des Schatzhebens sind auch bekannt: Pfingsten oder Mittsommer sollte es schon sein, möglichst auch die Geisterstunde! Das Ritual aber ist zum großen Teil geheim. In Zauber- oder Venediger-Büchern steht nur, dass man schweigend graben soll. Hilfreich wäre es auch, dabei nackend zu sein. Obschon es den ein oder anderen vielleicht verlockt, würde ich dringend davon abraten unbekleidet, in der Nacht im Naturschutzgebiet zu buddeln und dabei seltsame Gebärden vorzuführen. Eine Anzeige wegen „Erregung öffentlichen Ärgernisses" wäre noch das geringste Übel. Nicht vorzustellen, wenn man dabei einem Jäger vor die Flinte läuft, zumal ein auftätowiertes Arschgeweih hier wirklich zu fiesen „Mist"verständnissen führen könnte.

Besser ist es doch da die „Blaue Blume" zu finden, mit der man einen Felsen nur berühren muss, worauf der sich auftut und seine Schätze selbst freigibt.

Doch von welchen Schätzen reden die alten Sagen? Geht es um Gold, Ansehen oder Macht? Viele Geschichten lassen sich aus mehreren Perspektiven betrachten. Oh, wir würden staunen, könnten wir die geheimen Botschaften entschlüsseln und erfahren, was unsere Ahnen wirklich meinten …!

Rasch also auf die Füße, Fahrrad oder auf den Esel & viel Spaß dabei, wandernd euer Glück zu finden …

eure Erzähler Maria-Kathleen & Carsten

Inhalt

Öffentliche Termine

Tag	Zeit	Veranstaltungsname	Preis
Jeden Dienstag	18.30-20.30	Sagenhafter Abendspaziergang oder Märchenabend, Paracelsus-Harzklinik, Bad Suderode	Spende
01.06.	14.00-15.30	Sagenhaftes Halberstadt für Groß & Klein, Touristeninformation Halberstadt	Ab 9,- € pP
16.08.	16.30-17.30	Sagenhafter Abschluss XXL-Lesesommer, Bibliothek Ballenstedt	-
24.08.	14.00-15.30	Sagenhaftes Halberstadt für Groß & Klein, Touristeninformation Halberstadt	Ab 9,- € pP
24.08.	16.00-21.00	Parkfest in den Spiegelsbergen, Stadt Halberstadt	?
30.08.	18.00-19.30	Buchlesung „Sagenhafter Südwestharz", Buchwichtel, Bad Lauterberg	?
07.09.-08.09.	11.00-18.00	Buchvorstellung „Sagenhafter Südharz", Stolberger Lerchenfest, Hotel zum Kanzler	-
19.09.	19.00-20.30	Lesung „Bedeutung der Sagen", Buchhandlung Schönherr Halberstadt	?
20.09.-22.09.		Basis-Workshop zum Sagen- & Märchenerzähler, Bad Suderode	190,- € pP
04.10-06.10.		Wochenendworkshop zum Thema „Initiation in den Sagen & Märchen" (Selbsterfahrung)	190,- € pP
...	...	*Freut euch auf mehr …*	

23

Natürlich wird es weit mehr öffentliche Termine geben (Buchvorstellungen, Workshops, Kraftplatzwanderungen etc.), die aber freilich erst im Laufe des Jahres hinzugefügt werden können. Wir bitten um Verständnis, dass die meisten unserer Veranstaltungen nur eine begrenzte Teilnehmerzahl zulassen. Hier gilt also die Regel: „Wer sich zuerst verbindlich anmeldet, bekommt den Platz!" (Als verbindlich angemeldet gilt jene Person, deren Teilnehmerbeitrag auf unserem Firmenkonto eingegangen ist – Kontodaten nur auf Anfrage!)

Lust, eine individuelle Führung zu buchen?

Selbstverständlich könnt ihr uns für euer Event (Geburtstag, Hochzeit oder ein etwaiges Jubiläum) gerne buchen! Fragt doch einfach mal an! für Gruppen von 5-105 Jahren (ausnahmsweise auch für noch weisere Menschen ☺) erstellen wir gerne individuelle Führungen oder Erzähl-Veranstaltungen! (Preise je nach Vereinbarung)

Carsten Kiehne   carsten.kiehne@gmx.net - 0160/99557252   www.sagenhafter-harz.com

Vergangene Veranstaltungen

Die letzten Monate

Sagenhaft, wie wir in den letzten Monaten (speziell für individuelle Führungen) angefragt wurden – habt vielen Dank dafür. Gleichsam möchten wir uns dafür entschuldigen, dass wir viele eurer Anfragen nicht annehmen konnten, weil unser Zeitbudget begrenzt ist. Unter anderem auch aus diesem Grund, haben wir im vergangenen Jahr angefangen, **Sagen- & Märchenerzähler** auszubilden – der nächste Basisworkshop hierzu findet im September statt. Wir wollen euch schließlich gute Erzähler empfehlen können, sollten wir einmal verhindert sein! 😊

Völlig neu war für uns diesmal ein Vortrag in der **Celenus Teufelsbad Fachklinik** in Blankenburg zu den hiesigen Sagen und deren Bedeutung. Mit dem „Teufelsbad" und der „**Paracelsus Harzklinik**" in Bad Suderode (an der wir jeden Dienstag kleine Abendwanderungen oder sagenhafte Workshops geben) sind wir nun bereits in zwei großen Institutionen regelmäßig vertreten!

Sagenhaftes Tohuwabohu gab es diesmal im **Evangelisches Jugendzentrum Haltestelle** in Quedlinburg, anlässlich dessen 33.sten Geburtstags; im **Kloster Michaelstein**, um dort unsere „Kräutersagen aus dem Harz" zu präsentieren & in der **Buchhandlung Böhnert** in Goslar, die unser Buch „Sagenhafter Nordharz" auf unsere ganz eigene Art & Weise vorgestellt bekommen wollten – einfach sagenhafte Stunden!

UNTERWEGS MIT 5. KLÄSSLERN

Eigentlich ist man in dem Alter ja „zu cool", um sich solche alten Kamellen anzuhören und das dann auch noch „geil" zu finden ..., aber irgendwie fesselt es die Schüler der Waldorfschule Thales dann doch, vom Hexenaltar im Wurmbachtal Stecklenbergs zu hören und davon, wie wenig Rechte die Menschen früher

Carsten Kiehne   carsten.kiehne@gmx.net

hatten. Ein aufgeschürftes Knie vom Herumtollen im Wald, kann man übrigens mit einer Heilpflanze kurieren: Dem Wegerich, dem König der Wege, von dem es im Harz auch eine Sage zu erzählen gibt. Kurz vor der Lauenburg dann die Frage: Was ist eigentlich die fieseste Waffe des Mittelalters? „Kanonen", „Wasserstoffbomben", „Armbrüste", schießen die Antworten der Schüler wie Pfeile auf mich zu. „Nein, es waren m.E. Krähenfüße. Schaut, ein simpler Eisennagel, gut im Laub zu verstecken. Die wurden vorm Kampf ausgestreut & wehe euch, ihr tretet da rein!" – „Die kann man ja im Laub gar nicht sehen!", ruft ein Mädchen erschrocken. „Genau", antworte ich, "Deshalb ist's auch ratsam auf den Wegen zu bleiben; auch wenn man hier im Wald Höhlen oder Bunker aus dem Weltkrieg findet. Geht keinesfalls ohne eure Eltern hinein!"

Jetzt hatte ich die Aufmerksamkeit aller! 😊 „Bunker", fragen die Jungs aufgeregt. „Ja, und verborgene Schätze!", davon erzählen viele Sagen der Lauenburg. „Aber beim Ausgraben macht man sich doch die Hände schmutzig!", ruft die Schönheit der Klasse dazwischen. „Deshalb genügt's ja auch, wenn du am rechten Tag die Blaue Blume findest, dann kannst du dir nämlich etwas wünschen!", sage ich lachend. „Und, wann ist der richtige Tag?", fragt sie neugierig. „Steht im Sagenbuch ... lies bei Gelegenheit mal nach!", meine Antwort. Und Gelegenheiten gab es diesen Tag noch genug, Heilkräuter zu kosten, dem Wald zu lauschen, zu spielen und am Ende die Riesenrutschen auszuprobieren ... ein toller Schultag! 😊

Zeit für Sagen & Märchen

Woher die Wegwarte stammt

Graf Burchard von Falkenstein liebte sein kleines Mädchen, abgöttisch sogar, aber dass sie einen Nichtsnutz heiraten wollte, wo ihr doch wegen ihrer Anmut und Schönheit alle Ritter und Grafensöhne nah und fern gewogen waren, das konnte er nicht verstehen und würde es auch niemals tolerieren. „Schlag's dir aus dem Kopf, mein blauäugiges, blaublütiges Röslein!", sagte er kühl, als sie ein letztes Mal die Wahrhaftigkeit ihrer Liebe beteuerte und beendete damit jede kommende Diskussion.

Ach herrje, da eben jener Ritter, der das Herz der Grafentochter im Sturm erobert hatte, im Lehen des Grafen Burchard stand, musste er dem Befehl des Falkensteiners Folge leisten. „Beteilige er sich am Hirtenkreuzzug und wir werden sehen, ob er den Mauren die Iberische Halbinsel ebenso leicht abringen kann, wie einer naiven Jungfrau ihr Herz! Ist er erfolgreich, so steht es ihm frei zu werben. Doch nun mache er sich ohne viel Aufhebens auf in den 7. Kreuzzug!"

Was wäre sein Ritterschwur, wenn er nicht beherzt dieser heiligen Verpflichtung entgegenritt? Er ließ es zu, dass die Grafentochter ihn noch ein Stück seines Weges begleitete, bis eben dort, wo heute Meisdorf liegt. Bevor er aber davonritt, hüllte er das Mädchen für einen süßen, gefühlt ewig während Moment in seinen himmelblauen Mantel ein. Der Geschmack seines Kusses und sein Geruch an ihrem Gewand, waren das einzige, was ihr vom Liebsten blieb. Sie beschloss, nicht ohne den Ritter auf den Falkenstein zurück zu kehren, so sehr ihr Vater, die Freunde, Knechte und Mägde sie auch baten. Sehnsüchtig würde sie lieber bis zum Ende ihrer Tage seiner Rückkehr harren: „Werde nie ohne ihn nach Hause gehen, lieber am Wegesrand ewig stehen. Und bevor ich lass das Weinen sein, werd' ich lieber ein Feldblümelein!"

Mit diesem Spruch, soll sich die Grafentochter verwandelt haben und nun ab jeder Sommersonnenwende als Wegwarte mit ihren Blüten, die so himmelblau waren wie ihre Augen, gen Sonne blicken. Vom Kreuzzug kam der Liebste leider nie zurück. Graf Burchard übereignete im Jahre 1332, als letzter seines Geschlechts, seinen Falkenstein dem Domstift Halberstadt, zog sich dort ins geistliche Leben zurück und reute sicher sein Tun!

25

(aufgeschrieben von Carsten Kiehne in „Kräutersagen aus dem Harz", für 19,99-€)

Die Wegwarte kennt man heute als Zauberpflanze. Gräbt man sie am Tage der Sommersonnenwende mit einem Hirschgeweih aus, dann könne man jeden betören, den man damit berührt. Wickelt eine Frau die Wegwarte in eine Männerhose und nutzt das Päckchen als Kopfkissen, würde sie im Traum ihren künftigen Ehegatten sehen. Ein Mann, der die Pflanze am Körper trägt, werde unbesiegbar und unverwundbar, so die Legende.

Die limitierte Postkartenkollektion von „Sagenhafter Harz" des Jahres 2018, illustriert und gesetzt von jellygrafix (Jelka Lüdtke), gab es zum 5jährigen Geburtstag am 19.Seotember 2018 unserer Interessensinitiative zu gewinnen – jetzt sind sie auch für 5,-€ bestellbar – nur bei „Sagenhafter Harz" ☺

Danke für 5 Jahre

Ein sagenhaftes Mittsommer-Geschenk?

Finde mind. 20 Wörter, die sinnvoll etwas mit den Kräutersagen aus dem Harz zu tun haben. Viel Spaß und viel Erfolg, Euer Team von Sagenhafter Harz! 😉

D	R	E	F	A	H	O	P	F	E	N
I	O	A	K	A	K	A	B	A	T	L
A	E	T	R	A	W	G	E	W	A	L
W	D	I	L	L	D	A	E	B	I	E
H	C	S	R	E	I	G	R	A	S	W
A	B	O	K	Z	E	L	E	L	E	N
U	W	L	N	R	B	O	I	I	N	I
G	E	E	I	U	E	B	N	E	H	E
E	N	C	E	W	L	E	U	A	L	B
N	H	A	S	G	S
T	O	N	W	N	K
R	M	I	U	I	R
O	O	S	R	R	A
S	O	O	Z	P	U
T	S	O	D	S	T
E	R	E	I	M	O

Gewinne mit etwas Glück das Buch „Kräutersagen aus dem Harz"!
Einsendeschluss: 01.08.19; Lösungen an: carsten.kiehne@gmx.net

Unser Ausflugstipp:

Das Notfeuer Questenbergs

(Vorsicht: Keine Sage für Kinder!!! ☺)

Einst schien der Teufel nach Questenberg gekommen zu sein, denn viele Menschen erkrankten plötzlich [...] und auch die Tiere blökten, als würde sie der Leibhaftige gängeln. Weder der Bader des Ortes, noch der Priester der Dorfkirche St. Mariä Geburt wussten Rat, letzterer hingegen prophezeite den Sündern – und jenes mussten die Questenberger sein, sonst wären sie nicht krank geworden – noch weit Schlimmeres, wenn sie nicht endlich fromm ihre Gebete sprechen und rechtzeitig den Zehnten geben würden.

Ein liebreizendes Hirtenmädchen, das mit seinen alten Eltern im Hirtenweg wohnte, wusste es besser: „Viel zu lange haben wir kein Notfeuer mehr entzündet und unsere Tiere durch den heiligen Rauch getrieben!" Die Eltern aber gemahnten sie zur Vorsicht, wisse sie doch, dass der Priester sie ohnehin verdächtige, ein Hexenweib zu sein. „Sei's drum!", sagte die Zarte, „Leute und Vieh soll'n doch zu Kräften kommen!" - Noch zur selben Stunde eilte die Jungfrau zur alten Eiche, unter der ihre Ahnen schon zu Gericht saßen und in deren Stamm ein Alb wohnen soll.

Hier rief sie die guten Geister an, opferten ihnen und brach sich zwei trockene Zweige, die sie nach Hause trug und sie dort im Stall geschickt so rasch aneinander rieb, das große Hitze entstand, es bald zu qualmen begann und ein Funke dann, das dürre Holz auflodern ließ. „Noch eine Prise getrockneter Elfenampfer!", raunte sie geheimnisvoll, während sie das Kraut ins Notfeuer streute, von dem aus sich weißlicher Rauch im ganzen Hof verteilte.

Als ob sie wüsste was geschehen würde, streifte sie sich ihr Kleid vom Leib, ging einmal um das Feuer rum und blieb im Rauch so nackend, wie Gott sie schuf (und er hatte es wahrlich gut mit ihr gemeint) stehen. Plötzlich ward sie wie von Zauberkraft genommen, aufs Stroh geworfen, herumgedreht und ihr die Beine gespreizt, so dass sie nun mit süß behaart-entblößter Scham lustgebettet aufjauchzte. Eine unsichtbare Macht drückte kraftvoll ihre Schenkel auseinander und schob sich behutsam doch unerbittlich in sie hinein. Eine Welle von tausend Wonnen ließ sie fast in Ohnmacht fallen. Etwas füllte sie ganz und gar aus, brachte ihren Schoß zum Erbeben, hatte ihre Lust entzündet, …

ihr Herz in Feuer getaucht, ihren Anstand in Nebel gehüllt … und, was sie nie vorher gefühlt, wuchs zu wahrer Wucht heran. Mit weiblicher Wildheit bäumte sie sich auf, warf das Unsichtbare nieder, saß nun oben, rieb sich an dem, [...] dass nun lustvoll unter ihr stöhnte und nur einen Augenblick später wie tot, doch eben im kleinen Sterben sichtbar werdend, in sich zusammensackte. … Da sah sie ihn zum ersten Mal: …

Carsten Kiehne   carsten.kiehne@gmx.net - 0160/99557252   www.sagenhafter-harz.com

Silberhelle Haut, in denen sich deutlich Sehnen abhoben, schlank und muskulös zugleich. Das Gesicht kantig aber doch so sanft im Ausdruck, ein seliges Lächeln auf den Lippen … und Augen, ja, das Wesen hatte ganz sacht die Augen aufgeschlagen, himmelblaue Augen, tiefer als die Meere und weiter als der Himmel, doch nicht ehrfürchtig stimmend, nur von der Liebe erzählend. Lange spitze Ohren hatte der … „Es muss ein Alb sein!", dachte sich das Mädchen, worauf der Gedanken-lesende Elf nur nickte. „Was hat der nur vorhin in mich hinein …!", dachte sie, sich selbst schelmisch auf die Lippen beißend, als er verspielt seine Zunge zeigte, die beim besten Willen weit größer war, als ein Mensch zu Träumen wagte. Schon hatte der Alb auch erraten, wonach der Schönen der Sinn stand, drehte sie auf den Rücken und küsste sich langsam vom Hals zu ihren vollen Brüsten herab, immer tiefer gehend … auch den Bauchnabel hinter sich lassend …!

Von diesem Tage an, waren Tiere und Leute wieder gesund und von dem Hirtenmädchen, da ging ein seltsam betörendes Leuchten aus. Selbst der Priester Questenbergs konnte nicht anders, als ihr lüstern nachzusehen und sich beim morgendlichen Aufwachen bekreuzigend über seine kühnen Träume zu wundern. Oh, er hätte sie am liebsten als Hexe angezeigt aber, als ob sie seine Gedanken lesen könne, hatte sie ihm einen Blick zugeworfen, der ihm deutlich zu verstehen gab, dass er Gott näherkommen würde, wenn er's besser bleiben ließe!

(einem Questerberger abgelauscht und aufgeschrieben von Kiehne; Auszug aus dem Buch: "Erotische Sagen")

Unser Ausflugstipp: Das Pfingstfest Questenbergs

Auf die Frage, wo im Harz man am eindringlichsten Pfingsten feiert, können wir nur sagen: In Questenberg! Hier wird am Pfingstmontag die Queste gebunden und aufgezogen, Symbol eines jahrtausendealten germanischen Sonnenwend-kultes, der in dem wunderschönen Bergdorf nach überliefertem Brauch alljährlich begangen wird. Wer wäre nicht anmutig berührt, wenn gegenüber im Tal langsam die Sonne aufsteigt und in diesem Zauber das Lied erklingt:

„Dich seh ich wieder, Morgenlicht und freue mich der edlen Pflicht, dem Höchsten Lob zu singen. Ich will, entbrannt von Dankbegier, oh mildester Erbarmer, dir mit heilgem Mut lobsingen.
Schöpfer, Vater, deine Treue rührt aufs Neue mein Gemüte. Froh empfind ich deine Güte."

29

Litha – Sommersonnen-wende – Johannistag – Mittsommer

Wer hat sich nicht schon einmal in seine Kindheit zurückgesehnt, in der ein Tag unendlich viele Glücksmomente und Wunder bereithielt. An manchen jener Momente erinnern wir uns heute wehmütig und fragen: Wo ist der Zauber dieser Zeit geblieben?

Unsere Ahnen, so scheint es mir, waren geschickter darin, Lebenszeit zu veredeln, das Wundervolle im Alltag wertzuschätzen, ja mehr noch, sich regelmäßig Hochfeste in den Jahreskreis einzubauen. Diese erlaubten, forderten vielmehr, den Müßiggang und versprachen demjenigen, der sie ehrte, manches Wunder, Glück und Gesundheit.

Eines jener Hochfeste war einst die Sommersonnenwende, Litha bzw. der Johannistag. Den Abklatsch feiern wir heute mit besonderen Mittsommer-Angeboten und Preisnachlassen im Konsumrausch bei Ikea oder anderswo. Doch, wie präsent bleiben eingekaufte Güter, wenn die Euphorie des Besitzens erst einmal verflogen ist. Zu oft taumeln wir von einem erfüllten Wunsch zum Nächsten, doch sind nie wirklich lang anhaltend zufrieden, wie Wilhelm Busch es so wunderbar beschreibt: „Ein jeder Wunsch, ist er erfüllt, kriegt augenblicklich Junge!"

Viel eher ist unser Herz doch erfüllt von einem atemberaubenden, friedvollen Moment im Kreise von Familie und Freunden. Am 21.06. – dem längsten Tag und der kürzesten Nacht – traf man sich einst, um die Götter zu ehren und das Leben zu feiern. Mit Anbruch der Nacht ward das Johannisfeuer entzündet, über das man Hand in Hand sprang. Dieses Ritual verspräche Segen und Gesundheit. Trieb man die Tiere durch zwei Feuer hindurch, würden alle bösen Geister verbrennen und die Tiere

gesund bleiben, so verkündet es manche Bauernregel: „Das Jahr das nimmt ein gutes End', wenn das Johannisfeuer brennt!"

Pilgerte man am anderen Morgen barfuß durch die grünen Flure oder badete im Morgentau, dann könne sich kein Krankheitsdämon mehr an Geist und am Körper anheften. Vorm Morgendämmern würde die Blaue Blume wachsen, die dem Finder einen guten Wunsch gewährt, eine der sagenumwobenen Springwurzeln tuts aber auch. Berührt man damit eine der vielen himmelhohen Klippen im Harz – zu nennen wären hier mit Vorzug der Scharfenstein, der Ilsestein, die Klusfelsen bei Goslar oder Halberstadt, der Kamelfelsen bei Westerhausen, sowie dem Siebenbrüderfelsen im Bodetal – würden die sich auftun und dem Gutherzigen reiche Schätze offenbaren. Auch unsere heimischen Heilkräuter hätten an jenem Morgen besondere Kräfte.

Das Johanniskraut zum Beispiel, dem nicht einmal der Teufel selbst, mit all seiner Macht, etwas anhaben konnte. Kommt der Höllenfürst nämlich einer jener Pflanzen - die doch bewirken, dass sich die Seelen der Menschen wieder licht und leicht anfühlen, weshalb sie sich eben dann nicht ihm verschreiben - zu nah, wir er klein und immer kleiner. Johannes der Täufer bricht in Gottes Namen des Höllenfürsten Größe, worauf dessen Dreizack es lediglich noch schafft, kleine Löcher in die Blätter des Johanniskrauts zu pieksen. Ihr glaubt es nicht? Dann haltet doch ein Blatt des Krauts gen Sonne, ihr werdet's schon sehen ... ganz durchlöchert. Am Tage der Sommersonnenwende wird es Zeit das Heilkraut zu ernten - "Wenn die Johanniswürmer glänzen, darfst Du schneiden, darfst du sensen." - binde es zu kleinen Sträußen und hänge es zum Trocknen auf, wenn du im Winter, inder lichtlosen Zeit, daraus einen Tee brühen willst, der alle bösen Geister vertreibt!

(aufgeschrieben von Carsten Kiehne, Sagenhafter Harz, in: "Kräutersagen aus dem Harz", 2018)

3C

Carsten Kiehne   carsten.kiehne@gmx.net - 0160/99557252   www.sagenhafter-harz.com

Sponsoren gesucht

– SAGENHAFTER SÜDHARZ –

Die schönsten Sagen von Mansfeld, Sangerhausen, Gemeinde Südharz, Nordhausen, Ilfeld, Ellrich & Walkenried

Für das neue Buch von „Sagenhafter Harz" geht die Interessensinitiative bis Ende Mai auf SPONSORENSUCHE!!!

Wer das lokale Werk ab 40,-€ unterstützt, wird namentlich im Buch erwähnt, bekommt ein signiertes Exemplar zugeschickt & hilft den Schatz unserer Heimatgeschichte von ca. 80 Sagen auf etwa 160 Seiten zu bewahren! 😊

Das Buch wird später als Hardcover-Variante mit dem Preis von 20,-€ in jedem Buchladen und im Internet erhältlich sein!

Danke für euer Interesse, schreibt einfach eine Mail mit der Betreffzeile „Buchsponsoring" an carsten.kiehne@gmx.net

Herzlichst, Carsten Kiehne

Bücher von Sagenhafter Harz

Bereits erschienen: Beiträge für Heimatkunde

- Sagen & Märchen von Bad Suderode
- Sagen & Mythen von Thale
- Die schönsten Quedlinburger Sagen
- Bad Suderöder Anekdoten
- Sagenhaftes Halberstadt
- Gernröder Sagen
- Sagen von Ballenstedt & dem Selketal
- Quedlinburger Anekdoten

Sagen für Kinder

- Die Sage der Rosstrappe
- Die Sage vom Hexentanzplatz
- Die Unsichtbaren Helfer von Quedlinburg

Diverses

- Bekannteste Sagen aus dem Ostharz (2016)
- Sagenhafter Südwestharz (2017)
- Sagenhafter Brocken (2017)
- Kräutersagen aus dem Harz (2018)
- Sagenhafte Sagensammler (2018)
- Sagenhafter Nordharz (2019)

31

Kinder-Sagenseite

In der Sage „Hexe Watelinde", die im Bodetal spielt, sucht das junge Mädchen Hilda nach seltenen Kräutern. Und mit der Nacht kommen die wilden Tiere, die Zwerge und Hexen. Zuerst hat Hilda ein klein wenig Angst, dann aber ist sie nur noch neugierig und denkt: „Hier stimmt doch etwas nicht!"

Findest du heraus, was nicht stimmt und siehst die 10 Fehler, die sich im oberen Bild eingeschlichen haben? Umkreise sie und male das untere Bild aus, wenn du magst! 😊

32

Aus unserem Buch:

„Die Sage vom Hexetanzplatz"

www.sagenhafter-harz.com

Heilende Geschichten

Das Herz öffnen

Lies die nachfolgende Sage mit deinem Herzen, ganz so, als wäre sie allein für dich erzählt worden. Lass dich von diesem sagenhaften Augenblick berühren. Was will sie dir erzählen?

Der Raubgraf vom Regenstein

Der Graf vom Regenstein soll einst eine schöne Jungfrau von der Heimburg im schauerlichen Verlies gefangen gehalten haben, um durch harte Behandlung ihr Herz zu erweichen. Umsonst hatte er versucht, ihre Liebe zu gewinnen, quälte und peinigte sie nun, sperrte sie ein und gab ihr nur das Nötigste, um sie am Leben zu halten und ihren Willen zu brechen. Nach und nach vergingen ihr die Kräfte, sie magerte ab und saß zuletzt in Lumpen auf dem kalten Boden des Kerkers und war schon kurz davor sich zu beugen. Dann aber kam ihr in den Sinn zur heiligen Jungfrau zu beten. Sie solle ihr einen Weg aus dem Gefängnis zeigen oder sie zu sich in den Himmel holen.
Und ihr Flehen war nicht umsonst, denn plötzlich begann ein großer Sturm um den Regenstein zu brausen.
Tief in ihrem Kerker sitzend, der kein Licht und keinen Wind von außen hereinließ, hörte die Jungfrau der Heimburg doch, die Antwort ihres Gebets.

Wie dick konnte die Wand aus Sandstein schon sein, wenn sie den Sturm dort draußen vernahm? Sie wollte es versuchen, sich doch die Sandsteinmauern kratzen. Zwar hatte sie kein Werkzeug im Loch, doch besaß sie den diamantenen Ring, mit dem sie ihre Arbeit begann.

Sie schabte mit ihrem Ring an dem Felsen und sah mit großer Freue, dass der Stein mürbe und bröckelig war und ihrem Sinnen fast von selbst nachgab. Tag und Nacht, ein ganzes langes Jahr, setzte sie diese Arbeit ununterbrochen fort und endlich entstand eine Öffnung so groß, dass sie mit dem Auge hindurchsehen konnte. Nach so langer Zeit, sah sie endlich den blauen Himmel, die goldene Sonne, grüne Bäume und atmete die köstliche, frische Luft. Noch eifriger als zuvor, schabte sie, bis das Loch so groß ward, sich hindurch zu drängen. Aber oh weh: Als sie hinaustrat, sah sie die tiefe Schlucht zu ihren Füßen. Schwindelerregend und furchtbar gähnte ihr die Tiefe des Abgrundes entgegen und beinahe wäre sie in ihren Kerker geblieben.
Aber welche Schmach, welcher elende Tod, würde darinnen auf sie warten? Nein, sie musste es versuchen und sie zögerte nicht. Mit aufgeschürften, blutenden Fingern und Füßen, kletterte sie tiefer und immer tiefer hinab. Fürwahr, sie stand unter dem Schutz der heiligen Jungfrau, denn bald war das Unmögliche vollbracht.

Am Boden angekommen, erhellte die aufgehende Sonne ihren Weg zu ihren Eltern auf der Heimburg, die erst jetzt erfuhren, wer ihr Entführer gewesen. Eilig sammelten sie Freunde und Reisige und zogen gegen den Regenstein. Geraume Zeit konnte die Feste dem Ansturm widerstehen, bis der Raubgraf endlich doch einer List erlag:

Die Feinde von der Heimburg hatten sich zurückgezogen und der Graf spottete, dass die Mauern seines Regensteins im Kampfe niemals überrannt werden könnten. Nur aushungern könne man ihn, was er befürchtete und schickte seine Mannen, die affenruhe nutzend, in die umliegenden Dörfer, Lebensmittel zu beschaffen.

Bald darauf kamen zehn, zwanzig, dreißig Wagen, voll beladen mit dem Köstlichsten, was der Gau zu bieten hatte. Doch, wie die Wagen in die Feste gelassen wurden, sprangen unter den Planen Reisige hervor, die Bauern rissen ihre Kittel und Kapuzen von sich und plötzlich stand die ganze Feste voll von bewaffneten Rächern der Jungfrau. Schon waren die Regensteiner Wachen niedergestreckt und als der Graf einsah, dass aller Widerstand unmöglich war, suchte er heimlich zu entkommen. Aber wie nur? Alle Ausgänge waren ja vom Feinde besetzt. Rasch ließ er sich, an einem aus Betttüchern zusammengeknüpften Seil, an der steilsten Seite des Felsens hinunterwinden. Zwar vermochte er es und entkam dem Tode, nicht aber seinem unglücklichen Schicksal.

Seine Burg ward jener Jungfrau von den Eroberern zum Geschenk gemacht. Mit ihrem Liebsten, der ihr einst den diamantenen Ring geschenkt, hielt sie drei Tage lang Hochzeit und verlebte mit ihm als Graf und Gräfin viele glückliche Jahre.

(aufgeschrieben von Carsten Kiehne in „Die bekanntesten Sagen aus dem Ostharz & ihre geheime Bedeutung")

Die Essenz der Sage:

Der Regenstein gilt bei Kultstättenforschern als altheiliger, germanischer Kraftplatz, als „Sitz der Götter" und der alten Weisen, die man einst um Rat ersuchte. Dieses Sonnenheiligtum würde die eigenen Kräfte mehren helfen, schon allein, wenn man an diesem Ort verharrt!

Die Jungfrau der „Raubgrafen-Sage", die sich aus eigener Kraft befreit und ans Licht gelangt, war vielleicht eine Heilsuchende oder eine Priester-Anwärterin. – Spannend ist auf jeden Fall ihr „Gefängnis", eine altheilige Lichtgrotte, jener an den Externsteinen ähnlich, in welche die Sonne hineinscheint, wenn sie am Morgen der Sommersonnenwende aufgeht! Auch das Symbol der Hochzeit und die Grafenwürde am Ende der Sage, sind Gleichnisse für die Vollkommenheit, Buddhisten nennen dies Erleuchtung!

(Fotos von der Lichtgrotte mit freundlicher Genehmigung von Behrens)

34

Harzer Volksst. vom 08.05.2019 zur Buchveröffentlichung „Sagenhafter Nordharz"

Harzer Volksstimme | 15

Von Teufeln und listigen Zwergen

Carsten Kiehne will den Harzern ihre Sagen und Geschichten zurückgeben

Jede Sage führt zu einem besonderen Ort. Das sagt Carsten Kiehne. Der Harzer stellt seine inzwischen 18. Sagensammlung vor. Diesmal hat er sich auf die Region zwischen Wernigerode und Goslar konzentriert.

Von Ivonne Sielaff

Wernigerode ● Wussten Sie, dass ein Zwerg einen Kuhhirten zum Bau des Rathauses angestiftet hat? Dass einst ein hartherziger Bürgermeister vom Geist eines kopflosen Pferdes in den Tod getrieben wurde? Wie der Brunnenbauer vom Schloss den Teufel überlistete? Oder wie der Eichberg in Wernigerode zu seinem Namen kam? All das sind Geschichten, die sich die Menschen vor hunderten von Jahren erzählten und die im Laufe der Zeit in Vergessenheit geraten sind.

Carsten Kiehne hat sie aufgeschrieben und veröffentlicht. „Sagenhafter Nordharz" versammelt die 100 schönsten Sagen von Goslar bis Wernigerode und ist inzwischen bereits das 18. Buch des Bad Suderöders. „Wir sammeln seit zehn Jahren Sagen", so der 38-Jährige. Wir – das ist die über ganz Deutschland verteilte Interessengemeinschaft „Sagenhafter Harz" – eine Gruppe „voller Durchgeknallter", wie Carsten Kiehne sagt.

> „Wie sollen die Kinder davon erfahren, wenn keiner mehr Sagen erzählen kann?"

Das Archiv der Interessengemeinschaft ist Stück für Stück gewachsen: 1400 Bücher über den Harz, darunter verschiedene 400 Sagenbücher – „unsere Sammlung umfasst inzwischen 2800 Sagen", sagt der studierte Sozialpädagoge, der auch als Märchenerzähler unterwegs ist. „Keine andere Region besitzt so viele Sagen wie der Harz." Für Kiehne ein

Carsten Kiehne haben es die Sagen aus der Region rund um Wernigerode angetan. *Foto: Ivonne Sielaff*

Zeichen für die große Bedeutung der Region in längst vergangenen Tagen.

Allein von Wernigerode kennt er an die 50 Sagen. „Fragt man Einheimische, kennen sie höchstens zwei oder drei", so der Harzer. „Doch wie sollen die Kinder davon erfahren, wenn keiner mehr Sagen erzählen kann?" Dabei seien sie gerade für die Jüngsten ein spannendes Medium, das einlädt, abseits von Technik die Natur zu erkunden und die Heimat kennenzulernen. Jede Geschichte sei so etwas wie „geheimer Wandertipp" zu einem besonderen Ort. „Wer war denn schon in Wernigerode am Scharfenstein oder kennt das Sühnekreuz im Dornbergsweg? Viele Leute würden achtlos vorbei gehen. „Dabei waren das für unsere Vorfahren wichtige Orte."

Die Sagen berichten von diesen Plätzen – und noch von vielem anderen. „Die Menschen hatten früher ganz ähnliche Probleme wie wir heute", so der Sammler. „Sie sehnten sich nach Liebe, strebten nach wirtschaftlicher Unabhängigkeit", so Kiehne. „Warum nicht aus der Geschichte unserer Ahnen lernen?"

Doch wie und wo findet man heutzutage noch Sagen? Vor allem durch intensive und regelmäßige Recherche in Stadtarchiven, verrät Carsten Kiehne. „Obwohl die großen Landesarchive inzwischen bei uns nachfragen." Aber Kiehne und seine Mitstreiter sammeln auch noch auf die altmodische Art – wie einst die Gebrüder Grimm. „An vier Wochenenden im Jahr fahren wir durch den Harz und mieten uns in winzigen, eher unbekannten Örtchen ein, berichtet Carsten Kiehne. „Dort ziehen wir von Heimatverein zu Heimatverein, zu jeder Touristinfo, klingeln bei jedem Wanderführer und sammeln Geschichten."

> „Sagen lehren uns im Kleinen und Feinen, den Moment des Glückes zu schätzen."

Geld verdienen wollen die Sagenfans nicht. Deshalb veröffentlichen sie die Sagen auch in voller Länge auf ihrem Facebook-Auftritt, der wöchentlich von 60 000 Interessierten besucht wird.

„Wir wollen den Harzern ihre Geschichten zurückgeben. Uns geht es vor allem darum, dass die Sagen erhalten bleiben", sagt Carsten Kiehne. „Ich finde es immer wieder faszinierend: In anderen Ländern kennen wir uns aus. Aber in der eigenen Stadt?" Es sei schade, dass viele Menschen das Glück vor der eigenen Haustür verkennen würden. „Die Sagen lehren uns im Kleinen und Feinen, den Moment des Glückes

Übrigens: Carsten Kiehne hat mit der Interessengemeinschaft „Sagenhafter Harz" bereits weitere Bücher in der Pipeline. So erscheinen in Kürze die „Quedlinburger Anekdoten". Ende des Jahres sollen Jahreszeiten-Sagen und Blankenburger Sagen veröffentlicht werden. Und in 2020 ein Buch mit erotischen Sagen. „Dafür suchen wir noch einen Illustratoren."

Carsten Kiehne   carsten.kiehne@gmx.net - 0160/99557252   www.sagenhafter-harz.com

Im Rahmen von „Sagenhafter Harz" bin ich größtenteils mit der Organisation betraut, was z.B. die Terminplanung für Lesungen oder Wanderungen anbelangt. Bei den Workshops sichere ich den reibungslosen Ablauf im Hintergrund, verwöhne die Gruppe kulinarisch, sorge als Raum- & Gartengestalterin für ein schönes Ambiente und leite unsere kleine Wander- & Pilgerherberge.

Ich liebe es, meinen Man auf den Recherchen zu all den sagenhaften Plätzen im Harz und seiner Arbeit als Erzähler zu begleiten.

Es ist so schön, auch als Mitschauspielerin, die Gäste Teil der Sagen werden und sie die Geschichten erleben zu lassen. Es macht einfach Spaß, ihnen Wandertipps und Wissenswertes mit auf ihren Weg zu geben und zu sehen, dass sie nach einer Veranstaltung begeistert nach Hause gehen.

Sabrina Kiehne 36

Dipl. Raumplaner & Gestalter

0160 / 91980510 - raumgestaltungunddesign.kiehne@gmail.com

Liebe Wandergäste & Sagenfans,

wir bieten Euch eine Wander- & Pilgerherberge direkt im Grünen. Für kleines Geld (Ermäßigung für Pilger & Harzklubmitglieder) könnt ihr bei uns, in einer urigen und gemütlichen Unterkunft im alten Fachwerkhaus, einen sagenhaften Urlaub genießen. Wunderbare Wandertipps & Geschichten am Lagerfeuer gibt's in der Herberge von „Sagenhafter Harz" natürlich gratis! Unsere Herberge liegt am Jakobsweg von Sachsen-Anhalt, am EU-Radwanderweg R1, am Selketal-Wanderstieg, Teufelsmauerstieg etc. und im Ortskern von Bad Suderode am Harz.

Für Euch in der Saison vom „1. April - 31. Oktober" geöffnet!

Wander- & Pilgerherberge im Grünen

Wander- & Pilgerherberge

" Im Grünen "

www.wanderherberge-imgruenen.de   Grünstr. 20, 06485 Bad Suderode   039485 / 679650

Sagenhafte Sagensammler

Sagensammler??? Heute kennt jeder die Gebrüder Grimm! Ludwig Bechstein, ja, den hat man auch schon mal gehört. Aber wer zum Teufel nochmal sind Nachtigall, Pröhle oder Büsching? Von Letzterem haben Erstere sogar abgeschrieben, ohne schlechtes Gewissen zu haben! Die meisten der alten Sagensammler, die wirklich noch zu Fuß unterwegs waren, um alte Erzählungen zu erhalten, kennt heute leider kaum noch jemand. Einer der Wichtigen ist:

Heinrich Hauer (1763 in Wegeleben – 1838)

Heinrich Hauer erhielt seinen „höchst dürftigen Schulunterricht" beim Vater (einem Lehrer), wurde zuerst gegen seinen eigenen Willen Zimmermann. Die anderen Gesellen verulkten Hauer, der in jeder freien Minute ein Buch aus dem Mantel hervorzog und, anstatt zu trinken und zu spielen, lieber in jeder Pause studierte. Als sie aber merkten, welches Wissen er damit erwarb, ließen sie ihn in Ruhe. - In seiner Freizeit unterrichtete Hauer unentgeltlich und mit leidenschaftlicher Vorliebe die Dorfkinder des heutigen Bad Suderodes. Zu diesem Zeitpunkt reifte in ihm wohl die Idee, dass seine Neigung „die schönen Harzgegenden zu bereisen, was er mit guten Freunden mit viel Vergnügen genoss" mit dem Lehrersein recht gut zu vereinbaren

wäre: „Ich stell' mir vor, durch den Harz zu reisen & das in der Gesellschaft meiner Schüler, die Liebe zum Wandern & zum Lehren zu vereinen ..., es wär' der Himmel auf Erden!"

Tatsächlich legte er bald das Zimmererhandwerk nieder und absolvierte die Lehrerprüfung der königlichen Regierung, ohne je ein einziges Seminar besucht zu haben. Doch Lehrer zu sein war leider einst nicht mit dem Beamtenstatus und einem großzügigen Gehalt verbunden, „so griff er - als die Noth ihn bedrängte - zur Feder und schrieb sein erstes Buch: Die Freuden der Kinderzucht!" Mit diesem Werk und seinen Briefen „Lustreisen mit Kindern durch den Harz" entwickelte er eine Lehrmethode, die wir heute als „Fächerübergreifende Erlebnispädagogik" beschreiben würden und erregte damit großes öffentliches Aufsehen, so dass selbst Königin Louise von Preußen auf ihn aufmerksam wurde und viele seiner künftigen Projekte, wie den Aufbau eines Taubstummenlehrinstituts in Quedlinburg finanziell unterstützte. Zeitgenossen beschreiben Heinrich Hauer als einen Mann mit Prinzipien, der mit Aufopferungsbereitschaft und Hingabe Zeit seines Lebens gerne sein letztes Hemd gab. Und wirklich steckte er in sein Institut auch den letzten eigenen Groschen und starb verarmt und ohne weitere Anerkennung im Kreise seiner Liebsten.

Heinrich Hauer, diesen verdienstvollen Mann, kennt heute fast niemand mehr ... !

Carsten Kiehne   carsten.kiehne@gmx.net -

Der Schatz der Lauenburg

Allgemein war unter den niederen Menschen jener Zeit das Gerede, in diesem alten Gemäuer ständen große Schätze an Gelde verborgen, und mancher grub vergebens darnach. Einige arglistige Betrüger machten sich dieses zu Nutze, und suchten einigen Leuten in hiesiger Gegend es glaubhaft zu machen, daß sie Geister bannen und Schätze heben könnten, nur wäre es eine gewisse Nacht und es gehörte auch eine Summe Geld dazu, die Anstalten zu treffen. Die einfältigen Leute waren schwach genug, dieses zu glauben, und speisten diese eine Zeit sehr vornehm, und gaben auch die verlangte Geldsumme, unter der betrügerischen Hoffnung her, dadurch rechte reiche Leute zu werden.

Endlich kam die Nacht, wo ihre Geld-Begierde sollte gesättigt werden. In Gedanken betrachteten sie sich schon als die vornehmsten Leute in der ganzen Gegend. Sie begaben sich mit Anbruch der Nacht hierher auf diese Ruinen; es wurde ein Kreis mit lauter Gaukeleien gemacht, in welchen die Leute, unter der größten Furcht und Angstschweiß, hineintraten. Der Betrüger fieng nun an lauter unverständliche Worte herzumurmeln, und gaukelhafte Geberden und Bewegungen zu machen; endlich nahete sich, mit einem fürchterlichen Geprassel, ein Ungeheuer dem Kreise; beinahe wären die Leute des Todes im Kreise gewesen. Der Betrüger redet dieses Ungeheuer an: ob es der Geist wäre, welches den Schatz in diesem Gemäuer in Verwahrung hätte, und wie viel der Schatz betrüge?

Die Antwort des Ungeheuers war eine große Summe gewesen. Nun befiehlt der Betrüger diesem vermeintem Geist, er soll sogleich diesen verborgenen Schatz herausgeben. Der Geist giebt aber zur Antwort: der Schatz solle gleich herausgegeben werden, wenn sich unter den Leuten einer entschließen wollte, sich ihm ganz zum Eigenthum zu geben. Keiner wollte sich nun entschließen; also murmelte der Betrüger wieder etwas, und der Geist nahm eben so wieder Abschied, wie er gekommen war. Den Leuten gab er eine Bedenkzeit, - und er gieng mit dem Gelde davon.

Hinterher erfuhren die Leute, zwar zu ihrem Schmerz, aber doch auch zu ihrer Belehrung, daß das Ungeheuer ein Mitglied des Betrügers gewesen sey, welcher sich, so fürchterlich verkleidet, zur bestimmten Stunde an Ort und Stelle begeben mußte. ...

Dergleichen Geschichten, lieben Kinder, haben sich viele tausend zugetragen welche sich nachher nicht so entwickelt und aufgeklärt haben, wie diese. Bei solchen unenthüllten Geschichten ließen denn die abergläubischen Leute es sich nicht aus dem Sinne reden, sie blieben dabei, es wären Geister gewesen.

(aufgeschrieben von Heinrich Hauer um 1800, Auszug aus dem Buch „Sagenhafte Sagensammler")

38

Wander- & Pilgerherberge

" Im Grünen "

39

Lebensreich

Raumgestaltung & Design

GLÜCKs
TRAINERIN
Manuela Petri

ArtTour Quedlinburg

Stadtführungen deluxe

Freunde & Sponsoren

Ihr schätzt unsere Arbeit und wollt die Interessensinitiative „Sagenhafter Harz" unterstützen und/oder einfach eure Firma an dieser Stelle bewerben?

Dann schreibt uns gerne an: carsten.kiehne@gmx.net

Freut euch auf Anfang September, denn dann gibt es Ausgabe Nr.3!

40

Unsere Interessensinitiative „Sagenhafter Harz" lebt von Mundpropaganda 😊 …

Herbstausgabe (03/19) der Zeitschrift von

Sagenhaftes Harz

Sagen und Märchen

Die Weggefährten

von Maria-Kathleen Zorn
und Carsten Kiehne

Einfach mal „Danke" sagen

Was war gleich Erntedank?

Die Märchen erzählen uns davon, dass meist der „Dummling", der dritte Sohn, am Ende sein Glück macht. Dieses Kind ist weder besonders stark, noch schlau oder ehrgeizig, lebt sorglos in den Tag hinein wird als eher naiv dargestellt. Eine besondere Kraft aber hat dieser Dummling: Er sieht die Welt mit anderen Augen, lässt sich von ihr berühren. Man könnte fast sagen: Er sieht mit dem Herzen! „Man sieht nur mit dem Herzen gut. Das Wesentliche ist für die Augen unsichtbar!" schreibt Antoine de Saint-Exupèry. – Wie oft halten wir inne, um mit dem Herzen zu sehen, zu spüren? Gerade jetzt im Herbst, in der uns die Welt die Vergänglichkeit farbenprächtig vor Augen führt. Können wir die Segnungen erkennen, von denen wir umgeben sind oder schauen wir bloß aus müden Augen, auf das, was vor uns liegt, noch getan werden muss?

Das Erntedankfest, das man zur Herbsttagundnachtgleiche (um den 21.09.) feierte, war für unsere Ahnen ein wichtiges Fest. Die Ernte entschied einst über Leben & Sterben. Wird die Nahrung über die kalte, dunkle Zeit reichen? Werden die Alten & Schwachen die nächste Frühlingssonne spüren dürfen? Es war eine Zeit des Danks für die Götter. Mittels Opferrituale wollte man sich erkenntlich zeigen, etwas zurückzugeben, auch vergeben & um Vergebung bitten. Am 29.09., dem Thingtag vieler germanischer Stämme, kamen die Menschen zusammen, um sich auszusprechen, entstandenes Unrecht zu klären & sich das Wort zu geben, über die dunkle Zeit Frieden zu wahren. Das tat man im Großen (zwischen den Stämmen), wie im Kleinen (der Sippe & der Familie).

Was das mit deinem Leben im Hier & Jetzt zu tun hat? „Schließlich ernte ich nicht", denkst du vielleicht, „Ich überleb den Winter locker, auch ohne zu arbeiten, dank Hartz IV … und wem ich von meiner Bagage nicht leiden kann, geh' ich aus dem Weg!"

Ich denke, so einfach ist es nicht. Jeder von uns erntet, was er sät. Einige Kulturen nennen das Karma. Sieh dich doch einmal mit dem Herzen um! Gefällt dir was du siehst? Dann bedanke dich und meine es ernst, fühle es! Dein Job, deine Familie, deine Freunde … all das ist deine Ernte. Oh, da gibt es etwas, das dir nicht gefällt? Wie schön, dann sind wir mindestens zu zweit … dann gehörst du zu jenem Kreis bewusster Menschen, die etwas verändern, etwas Neues säen können. Bevor wir aber neu beginnen, möchte das Alte gesehen & wertgeschätzt werden. Genau das macht der „Dummling" in den Märchen vortrefflich: Er lacht, er weint, er fühlt, er liebt, er vergibt und hat dabei absolutes Vertrauen, dass kommen wird, was kommen soll. Er ist nicht berechnend, ist dankbar für alles … und darum ist er am Ende jener, der mit Schloss & Prinzessin (im übertragenen Sinne mit Glück) gesegnet ist. Viel Spaß beim Nachfühlen!

Euer Sagen- & Märchenerzähler Carsten

Auszug aus dem Inhalt

42

Tag	Zeit	Veranstaltungsname	Preis
Jeden Dienstag	18:30-20:30	**Sagenhafte Abendwanderungen** Paracelsus-Harzklinik in Bad Suderode	Spende
04.10-06.10.		**Wochenendworkshop,** Thema „Initiation in den Sagen & Märchen" (Selbsterfahrung – leider ausgebucht)	190,- € pP
24.10.	19:30-21:00	**Lesung „Sagenhaftes Halberstadt"** Buchhandlung Schönherr, Halberstadt	5,- pP
26.10.	16:00-20:00	**Vom Sterben & vom Tod in den Sagen** (Bad Suderode, Grünstr.20) Selbtserfahrungs-Workshop, Geschichten & Übungen zum Loslassen	35,- pP
05.11.	19:00-20.30	**Das Glück in den Harzer Sagen** Selbsterfahrungskurs in der Paracelsus-Harzklinik in Bad Suderode	Spende
13.11.	?	**Kulinarische Stadtführung mit Quedlinburger Anekdoten** Kartenvorverkauf im Regionalladen Quedlinburg	?
23.11.	14:00-18:00	**Kraftplatzwanderung „Raue Nächte" am Hübichenstein** Hübichenstein in Bad Grund (Nur mit Voranmeldung!)	35,- pP
05.12.	18:00-19:00	**Quedlinburger Anekdoten** Neumann Hörakustik, Wehegarten 1 – Anmeldung über Anbieter	frei
06.12.	18:30-20:00	**Lesung „Sagenhaftes Nordhausen"** Bibliothek Nordhausen	5,- pP
...	...	*Freut euch auf mehr ...*	

43

Natürlich gibt es weit mehr öffentliche Termine, die erst im Laufe der nächsten Monate hinzugefügt werden. Wir bitten um Verständnis: Die meisten Veranstaltungen lassen nur eine begrenzte Teilnehmerzahl zu. Wer sich zuerst verbindlich anmeldet, bekommt den Platz!" (Verbindlich angemeldet ist jene Person, deren Teilnehmerbeitrag eingegangen ist)

Lust auf eine individuelle Führung?

Selbstverständlich könnt ihr uns für euer Event (Geburtstag, Hochzeit oder ein etwaiges Jubiläum) gerne buchen! Fragt einfach an: Für Gruppen von 5-105 Jahren erstellen wir gerne individuelle Führungen oder Erzähl-Veranstaltungen! (Preise je nach Vereinbarung)

Carsten Kiehne   carsten.kiehne@gmx.net - 0160/99557252   www.sagenhafter-harz.com

Die letzten Monate ...

Uiuiuiuiui ... wo ist eigentlich der Sommer hin? Irgendwo zwischen den **„Kräuterwanderungen"** in Osterwieck, den Touren durchs **„Sagenhafte Halberstadt"**, dem **„Parkfest in den Spiegels-bergen"**, dem großartigen Abschlussfest des **„XXL-Lesesommers"** in der Fürstin-Pauline-Bibliothek in Ballenstedt, den Lesungen bei den **„Buchwichteln"** in Bad Sachsa und den **„Stolberger Histörchen"**, den Kraftplatzwanderungen an **„Teufelsmauer, Ross-trappe & Lauenburg"** sind uns die heißen Tage wohl durch die Finger geronnen. Zum Glück durften wir auch über Müßiggang & Glück referieren, von nun an auch regelmäßig in der **„Celenus Teufelsbad Fachklinik"** Blankenburg & der **„Paracelsus Harzklinik"**!

Von der Tour durchs **SAGENHAFTE WERNI-GERODE** will ich dir mehr erzählen:

Die Hortkinder der Freien Grundschule Wernigerode erlebten einige Begegnungen der etwas anderen Art: „Ich wusste gar nicht, dass wir so tolle Geschichten haben!", staunte eine Zweitklässlerin und lachte bei der Vorstellung, dass der Teufel, als Forelle verwandelt, beim Versuch, heimlich in Wernigerode einzubrechen, im „Klaren Loch" – jenem Ort, in dem einst aller Unrat der Fachwerkstadt übelriechend zusammenfloss – feststecken blieb. - Woher Wernigerodes Namen stammt; was die Schnakenburg mit dem ältesten Schrank Deutschlands in der St. Sylvestri zu tun hat; dass der Entwurf des Rathauses aus der Feder eines Zwerges stammt; dass in Wernigerode Ungerechtigkeit bestraft und Ehrlichkeit immer belohnt wird ... und, wie man seine Angst vorm „Geisterzug" bezwingt ..., wo es spukt und, wie man

die Geister fängt; wie einem mit dem Segen der Zwerge alles gelingt ... das alles und mehr erlebten die Kinder beim Raten und Fragen, beim Lauschen und Spielen ...!

„Du wirst es nicht glauben", teilte mir die Hortleiterin einige Stunden nach der Wanderung telefonisch mit, „unsere großen Jungs – eigentlich die ungestümen Raufbolde – haben einen Kuschelraum mit vielen Kissen und Decken vorbereitet und lesen den Vorschulkindern unserer Hortgruppe gerade begeistert eine nach der anderen Geschichten aus deinen Sagenbüchern vor!!!" - Wow ... da bleiben selbst mir die Worte weg! ☺

Zeit für Sagen & Märchen

Woher die rote Forelle im Wernigeröder Stadtwappen kommt

Als Wernigerode schon eine stolze kleine Stadt war, viele schöne Kirchen und Türme und eine feste Stadtmauer besaß, da dachte sich der Teufel: „Ich will es doch nochmal versuchen, durch die Mauern zu schlüpfen, Unfrieden zu stiften, die Wernigeröder zu versuchen, denn dort wo Reichtum und Blüte ist, da keimt auch Neid und Niedergang!" Als Händler verkleidet einfach durch die Tore zu spazieren, war dem Teufel nicht vergönnt, denn dort hingen ja überall Kreuze, daran konnte er nicht vorbei. Durch die Lüfte sausen, direkt durch die Fenster und Türen

hindurch, ging desgleichen nicht, war doch an den meisten reichen Häusern der Drudenfuß ins Gebälk gehauen, das Hexenmal wehrte ihn, den bösen Höllenfürsten, ab.

Also verwandelte sich der Teufel in eine riesige Forelle. An der niedrigsten Stelle Wernigerodes, wollte er durch den Kanal in die Stadt eintauchen unter den Straßen Unheil stiften und aus dem …

Fletkanal heraus – der Rinne einer jeden mittelalterlichen Straße, in dem die aus den Fenster gekippten Fäkalien zusammenliefen – Pest und Cholera über das Harzstädtlein bringen.

Rasch schwamm die Riesenforelle also zum „Klaren Loch" – welches von den Wernigerödern aus Spotte so benannt ward, weil hier der Ekel aus allen Ecken Wernigerodes zusammenströmte und eine braunschleimigstinkende Brühe bildete – tauchte

unter, was selbst dem Teufel teuflisches Unbehagen bereitete, … konnte die Flosse vor Augen nicht sehen, sich im Schlamm kaum vorwärts bewegen, aber doch, es musste gelingen … ! Zentimeter für Zentimeter wand sich der Teufelsfisch weiter, wusste, es wäre nicht mehr weit bis in die Stadt, nicht mehr weit, zu den armen reinen Seelen, die seinen Verlockungen nicht zu widerstehen wüssten …, nicht mehr weit, die ganze Stadt zu verderben …!

Die Wernigeröder aber, so spinnefeind sie sich manchmal auch sind, wussten zu jeder Zeit bei Gefahr zusammenzuhalten und achtsam zu sein. Vorsorglich hatte man vorm „Klaren Loch" ein Gitter angebracht. Als man nun eine riesige Forelle dahinter schwimmen sah und wütend fauchen hörte, wusste man wohl (weil sie sich so seltsam geziemte), dass nur der Beelzebub dahinterstecken konnte. Man ließ einfach auch auf der anderen Seite der Stadtmauer ein Fallgitter herunter und der Teufel war im Klaren Loch gefangen, dazu verdammt in der Brühe zu schwimmen und kam nicht in die Stadt hinein und nicht in seine Berge hinaus. - Da schrie er, winselte und bat, dass man ihn doch erlösen solle, er würde auch schwören, die bunte Stadt am Harz nimmer mehr aufzusuchen. So kam es dann auch, er ward aus dem sumpfigen Verließ ins Freie gelassen und wollte schon aus Scham nie wieder nach Wernigerode kommen.

Wenn man im Harz sagt: „Des Teufels Zank erkennt man am Gestank!", dann liegt es ganz sicher an dieser Begebenheit! Übrigens ist die Forelle noch heute im Stadtwappen zu sehen, vielleicht als Symbol dafür, dass wenn man zusammenhält und achtsam ist, gemeinsam selbst den Teufel bezwingt! *(abgelauscht & aufgeschrieben von Carsten Kiehne in „Sagenhafter Nordharz", für 20,-€)*

Zum 6 jährigen Geburtstag, den unsere Interessensinitiative am 19. September 2019 feierte, möchten wir alle Freunde von „Sagenhafter Harz" beschenken. All Jene, die uns unterstützen, indem sie unsere Bücher sponsoren und kaufen bekommen bis Weihnachten einen tollen Preisnachlass auf folgendes Buchpaket:

„Sagenhafter Südwestharz", „Sagenhafter Nordharz" & „Sagenhafter Südharz" für nur 50,- statt 60,-€
(Bestellungen bitte unter carsten.kiehne@gmx.net einsenden)

Worträtsel „Quedlinburger Anekdoten"

Finde mind. 15 Wörter, die sinnvoll etwas mit den Quedlinburger Histörchen & Persönlichkeiten zu tun haben. Viel Spaß & Erfolg, Euer Team von Sagenhafter Harz! 😊

E	B	L	A	S	K	C	A	U	Q	T
S	T	E	L	A	N	L	A	U	F	O
E	A	L	L	G	A	B	E	L	F	O
L	U	F	A	S	S	D	Ä	H	L	B
S	B	E	N	D	E	L	E	R	O	U
T	E	N	K	L	N	E	I	D	W	F
A	N	H	H	E	K	H	E	C	H	T
L	E	E	C	G	O	E	Z	E	Ü	I
L	I	R	S	O	E					
R	D	Z	R	V	N					
E	R	I	A	Q	I					
T	A	E	P	Ö	G					
T	U	K	U	P	S					
I	B	W	P	A	E					
R	E	R	B	E	H					

Gewinnt mit etwas Glück ein signiertes Exemplar „Quedlinburger Anekdoten"

Einsendeschluss: 31.10.2019, Lösungen an: carsten.kiehne@gmx.net

Unser Ausflugstipp:

Geisterspuk im Herzogsschloss

Die Herbstsonne war längst untergegangen, die feinen Damen und Herren lagen längst in den Himmelbetten und sogar die Bediensteten träumten sich – bis auf die Wache im Rittersaal – in eine friedvolle Nacht, nichtsahnend was geschehen sollte:

Wie der Mann die Türe öffnete, sah er ein wunderschönes Wesen inmitten des Raumes stehen. Hundertfach spiegelte sich ihr elfenschöner Leib in den Spiegeln ringsum. Welch feuerrotes Haar sie hatte, welches sich doch wie Wasser wellte!

Ihr jugendfrischer Körper war mit einem grünen, kurzen Kleide eingerahmt, das ihre prallen Reize im Mondenlicht aufschimmernd zur Geltung brachte. Starr vor Verzücken blieb er mit offenem Munde stehen. Jetzt schritt sie auf ihn zu, kam immer näher heran und gab ihm einen langen wunderbaren Kuss mitten auf den Mund. Zauberhaft war das und jagte ihm einen Wonneschauer nach dem anderen über seinen Rücken. Doch, wonach roch dieses betörend schöne Wesen? Dass es die Salbe aus dem Kraute „Wach nicht auf" war, mit der die Elfe ihren Hals eincremte (auf, dass ein jeder Mensch, der ihr begegnen würde, in einen zwölf Stunden währenden Schlaf fallen möge), bekam er nicht mehr mit. Schnarchend klatschte er zu Boden, worauf die Schöne dreimal hallend in die Hände klatschte.

48

Denn kurz vor Mitternacht des Tages Samhuin machten sich die Wesen der Anderswelt auf, um den Jahrtausende alten Brauch zu begehen und das neue Jahr an ihrem heiligsten Platz tanzend einzuläuten. Die Zwerge kamen mit ihrem König vom Meiseberg herunter, die Nixen und Elfen kamen mit ihrer Anführerin vom Heiligen Teich heran und Urian flog vom Gegenstein mit seinen Hexen zum Herzogsschloss nach Ballenstedt.

„Was war denn das?", fragte die Wache, schreckte hoch und beschloss im Spiegelsaal nebenan nach dem Rechten zu sehen.

Da schwangen sich die Türen des Rittersaales auf und herein kamen die Nixen und Elfen; im Boden eingelassene, versteckte Tore wurden aufgeschlagen, woraus die Zwerge den Saal erkletterten; und durch die geöffneten Fensterläden flogen die Hexen mitsamt ihrem Herrn, dem Teufel herein.

Carsten Kiehne   carsten.kiehne@gmx.net - 0160/99557252   www.sagenhafter-harz.com

Das war eine Wiedersehensfreude – alles lachte und schwatzte, grölte und tanzte. Aus den Vorratskammern des Schlosses wurden alle Speisen herbeigetragen und der Wein aus den Kellern geholt. Während im Rittersaal ein ohrenbetäubendes Lärmen lag, schlief das ganze Schloss und mit ihm die Stadt, im nebligen Dunst des Schlafkrautes liegend. Und, ach herrje, beim wilden Treiben zerschlug hier das Porzellan und dort das Glas und der gute Rebensaft floss auf den Dielenboden und über die Treppen hinunter in jeden Raum. Das Essen ward wild im Raum herumgeworfen, dass bald niemand mehr ohne Flecken ward. Alles ein wildes Durcheinander, in dem jeder seinen Nächsten betanzte, küsste und befühlte, … bis drei Uhr. Als die Kirchglocken anschlugen, war auf den letzten „Bong" die ganze Geistergesellschaft verschwunden.

Erst wie am anderen Tage die Sonne schon hoch am Himmel stand, reckten und streckten sich die feinen Damen und Herren, die Knechte, Mägde und Wachen … und niemand konnte sich das schlimme Chaos erklären!

(aufgeschrieben von Carsten Kiehne in „Die schönsten Sagen aus Ballenstedt & dem Selketal")

Unser Ausflugstipp: Das Ballenstedter Schloss

Auf geht's: Erkunden wir die Heimat, die naheliegenden Orte, von denen wir oft meinen, sie hätten nichts zu bieten. Wirklich fatal, wer an dem kleinen Städtchen Ballenstedt vorbeieilt und nicht das Schloss gesehen und besucht hat. Von der einstigen Burg mit Kloster aus dem 11. Jahrhundert, in dem Albrecht der Bär bis ca. 1140 residierte ist noch einiges zu sehen, zum Beispiel die Grablege eben jenes Begründers der Mark Brandenburg und des Fürstentums Anhalt.

Seit dem frühen 18. Jahrhundert können wir nun ein barockes Residenzschloss bewundern, mit Theater, Filmmuseum und der großartigen Ausstellung „Höfisches Wohnen". Aber auch die Umgebung des Schlosses lädt zum Flanieren ein: Der großzügige Schlosspark, die umliegenden Teiche, Buttlars Grab und die Ballenstedter Allee, die bis hinunter zur Altstadt führt.

Du siehst: Von Langeweile keine Spur! ☺

49

Halloween, Samhain, Allerheiligen ...

Halloween ist KEIN NEUES FEST! Unsere germanischen & keltischen Vorfahren haben in jener Nacht des 31. Oktobers bereits SAMHAIN (Aussprache: „samwhuinn") gefeiert. Die Nacht zum ersten November galt als Beginn des keltischen Jahres. Das gewohnte, lichte Leben liegt von trüben Nebelschleiern umhüllt und ein stiller Zauber verändert langsam doch unaufhaltsam die Welt - der Winter beginnt.

Samhain nannte man daher auch „Nos Calan gaeaf" („Nacht des Winteranfangs"). Es war eine der „drei Geisternächte", in der die Menschen Zugang zur Anderswelt finden, deren Tore weit geöffnet standen. Angstvolle Menschen verließen ihre Häuser nicht, zeichneten drei Kreuze oder hängten Hexenkräuter ans Tor. All dieser "weiße Zauber" sollte helfen, schwarzmagische Unholde fernzuhalten.

Dem Unterweltsgott Cenn Crúach („der blutige Kopf"), wurden zu Samhain Blut-Opfer dargebracht, um Fruchtbarkeit, Heilsein und einen kurzen Winter zu erbitten.
Im englischsprachigen Raum nannte man das Fest Halloween; Katholiken feierten am Folgetag Allerheiligen (ein Tag an dem die Heiligen verehrt wurden; 02.11. Allerseelen - ein Gedenk- und Dankestagtag der allen Ahnen gewidmet war). Kinder die an diesem Tag geboren werden, sollen Geister, Elfen & Zwerge sehen können!

MIT WELCHEN RITUALEN KÖNNEN WIR HALLOWEEN HEUTE SINNVOLL FEIERN?

1. Zum AHNENGEDENKEN stelle ich eine Kerze auf und lasse sie drei Tage leuchten!

2. Mit Kürbisschnitzereien (gruselige Masken, wie beim "Perchtenlauf"), Krach (Topfschlagen/Raketen) & Feuer VERJAGE ich die BÖSEN GEISTER von Haus und Hof und meinem Herzen! 😊 ;-)

3. Ich begebe mich meditativ in die Stille, in den dunklen Aspekt meiner Selbst und REFLEKTIERE DAS JAHR: Was ist mir gelungen? Wo bin ich gescheitert? Welchen neuen Anfang/welche neue Vision möchte ich in Ruhe in mir reifen lassen, bis ich deren Samen im neuen Frühjahr in die Erde bringen kann?

4. Es ist Zeit für Wahrsagerei & GLÜCKSORAKEL: Bleifiguren schmelzen, Kartenlegen, gute Vorsätze!

5. Darbringen der OPFER: Ein weiteres Gedeck für einen Verstorbenen aufstellen um ihn bei sich zu haben. Essensreste vor die Tür stellen, damit sich die Zwerge und Andersweltwesen daran laben können. Zuletzt kann ich einen der hochheiligen Plätze im Harz aufsuchen (Opfersteine etc.) und die Natur mit einer kleinen Dankesgabe beschenken

Doch eigentlich ist es ganz gleich, wie wir dieses hochheilige Fest unserer Ahnen begehen, solange wir es achtsam und im Kreise unserer Liebsten tun. Selbst wenn unsere Lieben weit entfernt von uns sind, geht es darum, sie in unser Herz einzuladen. Schon eine winzige Erinnerung (an einen wunderbaren gemeinsamen Moment) wird uns dabei helfen, sie bei uns zu spüren und ihre Liebe wahrzunehmen.

Möge es für uns ein wunderschönes Halloween-Fest werden! Mögen wir Frieden um und in uns finden!! Mögen wir im dunklen Teil des Jahres, ein Licht in uns finden!!!

Euer Sagen- & Märchenerzähler Carsten

50

Sponsoren gesucht

– SAGENHAFTES BLANKENBURG –

Die schönsten Sagen einer der bedeutsamsten Kultstätten Europas, mit Sagen der Teufelsmauer, Burgruine Regenstein, Blankenburger Schloss, Volkmarskeller, den Menhiren uva.

Für das neue Buch von „Sagenhafter Harz" geht die Interessensinitiative bis Ende November auf SPONSORENSUCHE!!!
Wer das lokale Werk ab 40,-€ unterstützt, wird namentlich im Buch erwähnt, bekommt ein signiertes Exemplar zugeschickt & hilft den Schatz unserer Heimatgeschichte von ca. 70 Sagen auf etwa 140 Seiten zu bewahren! 😊

Das Buch wird später als Softcover-Variante in der Reihe „Beiträge zur Heimatkunde" mit dem Preis von 13,90-€ in jedem Buchladen und im Internet erhältlich sein! Danke für euer Interesse, schreibt einfach eine Mail mit der Betreffzeile „Buchsponsoring" an carsten.kiehne@gmx.net

Euer Sagen- & Märchenerzähler,
Carsten Kiehne

Bücher von Sagenhafter Harz

Bereits erschienen: Beiträge für Heimatkunde

- Sagen & Märchen von Bad Suderode
- Sagen & Mythen von Thale
- Die schönsten Quedlinburger Sagen
- Bad Suderöder Anekdoten
- Sagenhaftes Halberstadt
- Gernröder Sagen
- Sagen von Ballenstedt & dem Selketal
- Quedlinburger Anekdoten

Sagenbücher für Kinder

- „Die Rosstrappe", „Der Hexentanzplatz" & „Die Unsichtbaren Helfer von Quedlinburg"

Diverses

- Bekannteste Sagen aus dem Ostharz (2016)
- Sagenhafter Südwestharz (2017)
- Sagenhafter Brocken (2017)
- Kräutersagen aus dem Harz (2018)
- Sagenhafte Sagensammler (2018)
- Sagenhafter Nordharz (2019)
- Sagenhafter Südharz (2019)

Kinder-Sagenseite

A= ᚠ	H= ᚺ	O= ᛟ	V= ᚹ
B= ᛒ	I= ᛁ	P= ᛈ	W= ᚹ
C= ᚲ	J= ᛃ	Q= ᚲ	X= ᚲᛋ
D= ᛞ	K= ᚲ	R= ᚱ	Y= ᛁ
E= ᛗ	L= ᛚ	S= ᛋ	Z= ᛉ
F= ᚡ	M= ᛗ	T= ᛏ	TH= ᚦ
G= ᚷ	N= ᛏ	U= ᚢ	NG= ᛝ

*I*n der Sage „Die unsichtbaren Helfer" geht es um Zwerge, die den Menschen, wenn sie gut behandelt werden. Wehe aber, du bist gemein zu ihnen!

Zwerge sind ein uraltes Volk und deshalb kennen sie auch die uralte Schrift: Die Runen. Wenn Du sie beherrschst, kennst Du eine Geheimschrift. Versuche doch einmal mit diesem Alphabet, die beiden Wörter unten zu übersetzen:

Aus unserem Buch:

„Die unsichtbaren Helfer"

ᚠᚹᛗᚱᚷ	
ᛋᚲᚺᛏᛋᛏᛗᚱ	
	Kannst Du Deinen Namen schreiben?
	Was möchtest Du noch übersetzen?

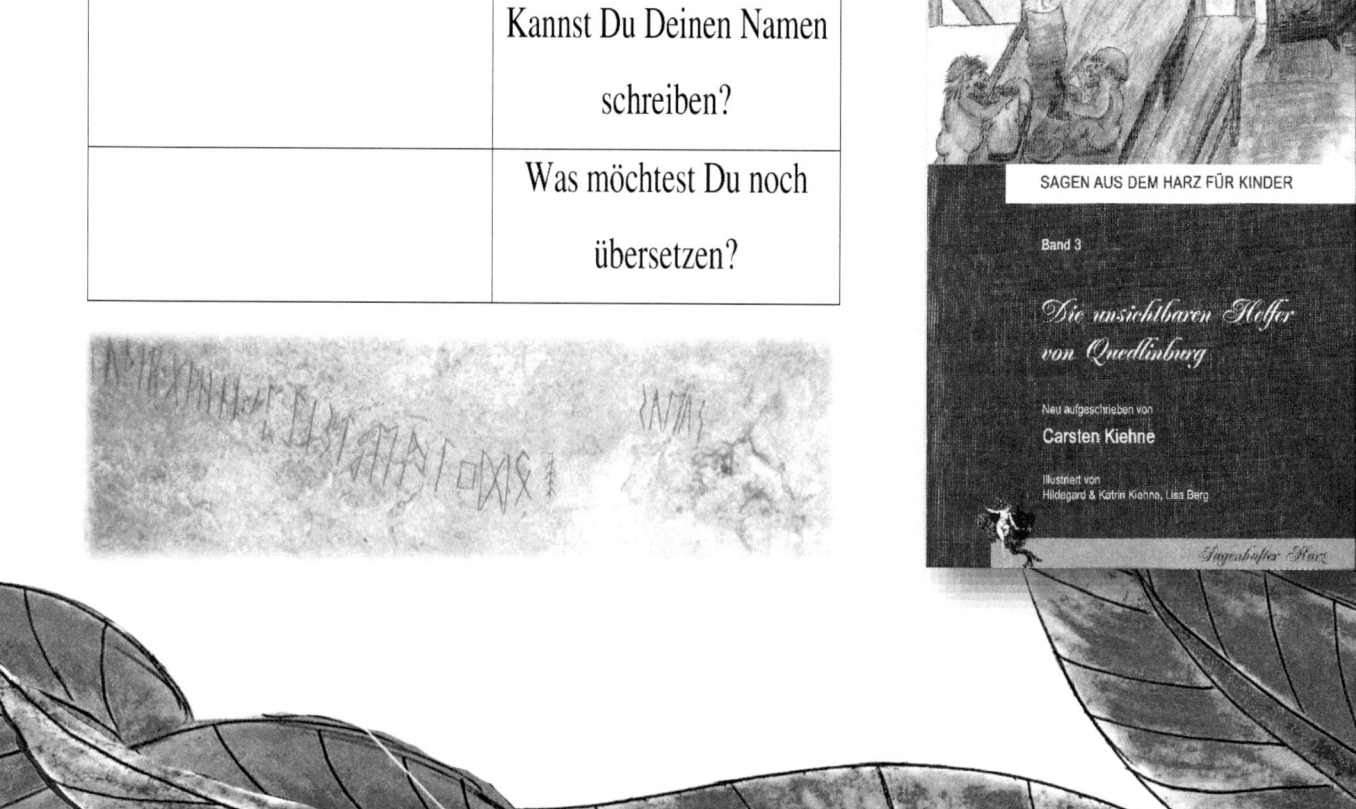

Heilende Geschichten

Der Nagelstein von Sangerhausen

Ein Unfreier hat als Knecht eines Bauern in Sangerhausen viel einstecken und alle Launen des mürrischen Herren anstandslos ertragen müssen. Als der Diener wieder mitten in der Nacht geweckt und wegen Belanglosigkeiten losgeschickt ward, kam er an der Stelle an, die heute das Weinlager heißt. Hier gewahrte er vor sich auf dem Wege ein helles Leuchten. Wie er diesem nachging, wurde er vom Wege ab ins Unterholz und dann in eine kleine, rundum gemauerte Höhle geführt. Er rieb sich die Augen, denn was er hier sah, wollt' er nicht glauben: In dem Keller standen unzählige, schöne gänzlich gläserne Behältnisse, bis zum Rande mit blutrotem Wein gefüllt.

„Nimm dir, was du magst und tragen kannst. Du hast es längst mit deinem Blut und Schweiß verdient!", hörte er, ohne dass der Knecht jemanden sah, der gesprochen hatte. Er ließ sich's nicht zweimal sagen, nahm drei Flaschen mit, trug sie in seine Kammer und trank noch zur Stunde eine aus und es schmeckte so gut, weit besser als alles, was er jemals vorgesetzt bekam und er genoss und schlummerte ein, selig träumend von besseren Zeiten.

Am anderen Morgen erwachte der Knecht mit Peitschenhieben. Der Herr stand über ihm, schlug und schimpfte den Knecht einen Halunken: „Woher hat er die gläsernen Behälter? Sicher gestohlen!"

„Aber nein, mein Herr, gefunden, im Weinkeller!" Noch zur selben Stunde, schliff man den als Dieb beschuldigten zur angegebenen Stelle.

Zwei Büttel und einige angesehene Bauern waren hinzugerufen worden, um den Übeltäter abzuurteilen. Wie der Knecht nun suchte, den Weinkeller aber nicht wiederfand, da forderte der Bauer eine harte Bestrafung, am besten den Galgen und dachte bei sich, die anderen zwei kostbaren Flaschen und den Wein so für sich behalten zu können. Da bat der Knecht um Gnade: „Bei meinem Wort: Ist's die Wahrheit, so werd' ich einen Nagel mit nur einem Schlag in den Felsen treiben." – „Recht so!", sprachen die anderen Bauern, ein Gottesurteil gutheißend.

53

Wie der Knecht nun am aufgerichteten Stein stand, den Nagel ansetzte, Gott um Beistand ersuchte und zuschlug, da ging der Nagel kerzengerade in den Fels.

Carsten Kiehne   carsten.kiehne@gmx.net - 0160/99557252   www.sagenhafter-harz.com

„Als wenn der aus Butter wär'!", staunten alle Bauern und wussten nun, dass der Knecht Recht hatte. Wie sein Herr das aber sah, schmiss er aus Zorn die beiden letzten Flaschen zu Boden, so dass der teure Rebensaft im Dreck zerfloss. „Scherr' er sich auf meinen Hof, … da Gnade dir Gott …!"

„Haltet ein Bauer", erwiderten die anderen, „Wie willst du den Schaden am Gut deines Knechtes, zu zerschlugst ihm eben die kostbaren Weingefäße, begleichen?" – „Begleichen? Mit Schlägen, werd' ich ihm alles doppelt vergelten …!", keifte der Böse, ward aber gleich von den anderen zurechtgewiesen: „Den Fehler willst du nicht eingestehen? Dann soll gleich hier am Nagelstein, dein Urteil eingeschlagen sein! Treibst du den Nagel gerade hinein, so sehen wir deine Unschuld ein. Geht er jedoch krumm – zu dumm – dann kriegt der Knecht noch heut' dein Heim!"

Ein einziger Hammerschlag hatte an diesem Tage alles auf den Kopf gestellt: Der reiche Bauer, dessen Nagel verbog, wurde mit Schimpf und Schande aus Sangerhausen gejagt, der arme Knecht in den Bauernstand erhoben, der Nagelstein noch oft für Gottesurteile gebraucht, das Weinlager aber von da an täglich nach Gottes bestem Rebensaft durchsucht!

(aufgeschrieben von Carsten Kiehne in „Sagenhafter Südharz")

54

Die Essenz der Sage:

Unsere Ahnen sind immer dann zum Nagelstein gegangen, wenn es darum geht, sich Kraft von den Göttern oder einen guten Wunsch zu erbitten. Das Nageleinschlagen diente also auch als Orakelbrauch: Jenem, dem es gelingt, einen Nagel einzuschlagen, der ist von den Göttern segnet und auch sein Vorhaben steht unter einem guten Stern!

Bitte schlagt am Nagelstein keine neuen Nägel ein! Pilgert dort hin, legt ein Geschenk nieder, vielleicht Früchte aus eurem Garten oder einen Heilstein, überlegt kurz und haltet einen Moment inne. Was wollt ihr euch wünschen? Für welches eurer Vorhaben (für welche Saat) erbittet ihr den Segen der Götter/bzw. des einen Gottes?

Stellt euch euren Wunsch so vor, als hätte er sich bereits erfüllt und berührt dann einen, bis zum Kopf versenkten Nagel. Man sagt, dann wird euch alles gelingen. Dann ist das Glück euch hold! 😊

Wo Elfenherzen schlagen

NEUERSCHEINUNG Der Bad Suderöder Carsten Kiehne stellt sein 19. Buch vor. Warum er immer wieder neue Geschichten sucht.

VON UWE KRAUS

BAD SUDERODE/MZ - Carsten Kiehne verwandelt sich manchmal in einen Teufel, wenn er seine Harz-Sagen erzählt, liest im Altersheim vor und geht wöchentlich mit Patienten der Paracelsus-Klinik wandern. Einige von denen behaupten, „eine Stunde mit ihm zu wandern, das war die beste Therapie".

Sein Herz wohnt im Harz. Manchmal nimmt er Angebote an, Menschen auf der Fahrt mit der HSB zum Brocken zu unterhalten und zu belustigen. Kiehne genießt die Freiheit, neben dem Brot-Job das zu tun, was er liebt, wenn ihm danach ist. Hauptberuflich ist er Sozialpädagoge beim VHS-Bildungswerk in Wernigerode. Kürzlich stellte er sein 19. Buch vor. Es trägt den Titel „Quedlinburger Anekdoten - 100 ausgewählte Histörchen".

„Wenn keiner mehr die vielen Dinge aus dem Alltagsleben erzählt und aufschreibt, sind eines Tages nicht nur die Menschen gestorben, sondern auch die Geschichten. Das darf nicht geschehen", begründete der Bad Suderöder sein engagiertes Notieren und Publizieren. Bei seinen Treffen mit Senioren werde er „mit mehr Geschichten beschenkt, als er selbst eingebracht hat."

Carsten Kiehne nimmt nicht in Anspruch, dass dies die Welt-Stories sind. „Oft sind es kleine, feine Familiengeschichten, manchmal humorvolle Dinge, über die man schmunzeln darf. Und entstanden nicht Sagen aus dem Immer-wieder-Erzählen bestimmter Geschichten?" Aber der 38-Jährige bezieht auch klar Position. „Ich spüre, dass hier zunehmend hemmungslos auf Minderheiten geschimpft wird. Haben wir nichts dazugelernt?", meint er mit Blick auf die Geschichte der Juden in Quedlinburg. „Das sind Dinge, die nie vergessen werden dürfen, denn wenn das passiert, kann so etwas Mörderisches wieder passieren." Viele seiner kleinen Anekdoten schenken ein Erwachen. „Kindern erzählt man Märchen zum Einschlafen, Erwachsenen erzählt man sie, damit sie aufwachen", erklärt der mehrfache Vater.

Sein Ururururgroßvater war der Lehrer Kiehne, der einst die Wernigerode-Hymne schuf. Er selbst taucht tief ein in die Sagenwelt des Harzes und die lokale Historie. In seiner Privatbibliothek stehen rund 2 000 Harz-Bücher, allein 400 befassen sich mit Sagen und Mythen. „Zum Leidwesen meiner Frau bin ich

Carsten Kiehne hat jetzt sein 19. Buch veröffentlicht.

FOTO: UWE KRAUS

im Harz-Urlaub von einer Touristinfo zur nächsten unterwegs." Ihn schmerzt, dass Kinder heute so wenig über ihre Heimat erfahren. Kraft- und Kultorte zwischen Johannisquelle und Bockshornschanze seien fast vergessen, und wer kennt noch die Elfenherzen im Brühl? Namen wie Ritter, Gutsmuths, Grasshoff oder Klopstock verortet ein Großteil der Quedlinburger nur noch

> „Kindern erzählt man Märchen zum Einschlafen, Erwachsenen erzählt man sie, damit sie aufwachen."
>
> **Carsten Kiehne**
> Autor

auf Straßenschildern. „Von Heinrich Hauer ganz zu schweigen. Er gründete ein Lehrinstitut für Taubstumme und organisierte Lustreisen für Kinder in den Harz, was heute fächerübergreifende Erlebnispädagogik heißen könnte."

Er möchte, dass die Kinder durch den Ort gehen und sagen, hier war mal der Teufel, oder ihren Eltern von Nixen, Nachtalben und von heilsamen Kräutern aus dem Kurpark erzählen. Der Autor liebt es zuzuhören und ist selbst ein begnadeter Erzähler. „So lerne ich besondere Plätze mit ganz besonderen Menschen kennen. Sie heben heraus, dass sie die Welt aus einem Blickwinkel betrachten, aus dem es die Mehrheit nicht tut. So entstehen Liebeserklärungen an einen Ort und ihre Bewohner."

Die Manuskripte für weitere Bände reifen bereits. Der Leser darf gespannt sein, denn 2020 dürfte Autor Kiehne ihn mit „Erotischen Sagen aus dem Harz" überraschen.

» „Quedlinburger Anekdoten",
ISBN-13: 9783743118492, 13,90 Euro

Artikel in der „Mitteldeutschen Zeitung Quedlinburg" über das neue Buch „Quedlinburger Anekdoten"

*I*ch bin eine sehr neugierige, naturliebende Person, die rausgeht & Bilder von der Welt macht ..., so wie ich sie sehe. Dabei „fange" ich Personen & Momente über Emotionen & Atmosphäre ein, liebe es zu experimentieren, dabei meine Konzepte zu durchbrechen & zu lernen. Selbst in den dunklen Momenten, versuche ich das auszudrücken.

Ich bin kein professioneller Fotograf, habe es nie „richtig" gelernt, ich versuche nur mein Ding zu machen ... & scheitere aber versuche es wieder, bis ich mein Ziel erreicht habe. Ich lerne noch immer und die meiste Zeit bin ich alles andere als glücklich mit meinen Ergebnissen, aber wenn ich das wäre, wo bliebe die Herausforderung? 😊

Das Logo von „Sagenhafter Harz" stammt aus meiner Feder, ebenso wie die Cover der letzten Sagenbücher. Ich freue mich über Dein Interesse an meiner Arbeit und wenn Du mit mir zusammenarbeiten möchtest, melde Dich gerne bei mir.

Jelka Lüdtke

Mediendesigner   0176 / 7845 0551   jelka.luedtke@gmx.net   www.jellygrafix.de

56

Stefan Herfurth

Facebook: Stefan Herfurth Photographie

Halberstädter, mit ganzem Herzen   stefanherfurth@hotmail.de

*A*ls Fotograf liegt mein Fokus auf keinem speziellen Gebiet. Es ist egal welches Motiv, aber es soll anders sein: Kreativ, knallig, mystisch, sagenhaft oder einfach natürlich! Meine meisten Motive bestehen aus Landschaften & Objekten, da ich gerne wandere & mich für Historie interessiere. Bei Wanderern bin ich als Bergtroll bekannt, geboren 1988 & wohnhaft in Halberstadt. Ich arbeite als Medien-technologe & bin nebenberuflich als Fotograf bei "Sagenhafter Harz" tätig. Die Bücher „Sagenhaftes Halberstadt" & „Sagenhaftes Blankenburg" habe ich bebildert!

Denke nicht, was du machen könntest, sondern mach das, was du denkst.

Sagenhafte Sagensammler

Sagensammler??? Heute kennt jeder die Gebrüder Grimm! Ludwig Bechstein, ja, den hat man auch schon mal gehört. Aber wer zum Teufel nochmal sind Nachtigall, Pröhle oder Büsching? Von Letzterem haben Erstere sogar abgeschrieben, ohne schlechtes Gewissen zu haben! Die meisten der alten Sagensammler, die wirklich noch zu Fuß unterwegs waren, um alte Erzählungen zu erhalten, kennt heute leider kaum noch jemand. Einer der Wichtigen ist:

Johann G. G. Büsching

(1783 in Berlin – 1829 in Breslau)

Johann Büsching erblickt als zwölftes (von dreizehn) Kindern eines Geographen das Licht der Welt. 1806 studierte er in Halle die Rechte, wurde anschließend Referendar bei der Regierung in Berlin, entschloss sich aber – als Folge seiner Eindrücke in der Schlacht zu Jena – Schriftsteller zu werden. Mit Sagen und Märchen beschäftige er sich, weil sie einen positiven Wert für die Menschen hätten und darum bewahrt werden müssten. - 1810 bereiste er viele schlesische Klöster und Stifte, um eine Bestandsaufnahme der Bücher und Kunstschätze aufzunehmen, entdeckte dabei zahlreiche wichtige alte Werke und war über deren verwahrlosten Zustand entsetzt. In ihm keimte die Idee einer schlesischen Zentralbibliothek und Kunstsammlung in Breslau, die das Material der Klöster übernehmen sollte. Zum Ärger seiner Vorgesetzten und Kollegen türmten sich in der Hauptkommission bald die gesammelten Schätze aus 35 Klöstern, ein Muss nach Büsching, um die Werke ordentlich zu katalogisieren.

Was ihm seinerseits viel Missmut einbrachte, machte sich aber schließlich bezahlt. Man ernannte ihn zum Archivar und Aufseher der Kunstgegenstände eines eigenen Instituts, das an die Universität Breslau angegliedert wurde. 1816 wurde Büsching Professor für mittelalterliche Kunstgeschichte und historische Hilfswissen-schaften. Heute gilt er als erster Lehrstuhlinhaber für prähistorische Archäologie.

Bei seinem schriftstellerischen Wirken eckte Büsching neben den Kollegen mit anderen namhaften Sagensammlern an. Wilhelm Grimm schrieb im Jahre 1812 seinem Bruder: „Der Esel hat einige Märchen, die wir auch herausbringen wollen, in seinem Buche abgedruckt. Das war das erste, was mir ins Auge fiel. Ansonsten ist es sehr dürftig und bloß ein Sammelsurium aus Rübezahlgeschichten und diversen Chroniken. … Aus der Büschingischen ist für uns nichts zu entnehmen!" Wer weiß, ob bloß Groll & Neid aus den Worten der Gebrüder Grimm sprachen, denn Büschings „Volks-Sagen, Märchen & Legenden" erschien drei Monate vor deren „Kinder- & Hausmärchen". Tatsächlich entnahmen die Grimms bei einigen Märchen genaue wörtliche Entlehnungen aus Büschings Sammlung!

Werke (Auswahl)

- Sammlung deutscher Volkslieder, 1807
- Deutsche Gedichte des Mittelalters, 1808
- Buch der Liebe, 1809
- Volks-Sagen, Märchen und Legenden, 1812
- Die Alterthümer der heidnischen Zeit 1820
- Abriss der deutschen Alterthumskunde, 1824

57

Damit sie unvergessen bleiben …, unsere Hommage an die alten Sammler & Erzähler:

Sagenhafte Sagensammler

(ein Portrait der 30 bekanntesten Harzer Sammler & jeweils eine ihrer Sagen, 13,90-€)

Im Handel oder über uns …

Die Tidianshöhle

Eine unter dem gemeinen Manne sehr verbreitete Sage macht diese weitläufige unterirdische Höle zu einer Goldgrube, in der mancher Schatzgräber, die sogar aus Venedig hierher gewandert sein sollen, große Schätze gefunden hat. Wenigstens sprechen die Spuren vom Durchwühlen und Umgraben der Erde, die man hier herum findet, für die Wahrheit der Sage in Rücksicht des Suchens wenn man auch an dem Finden zweifeln muß. Man erzählt von einer großen Statüe von gediegenem Golde, die mehrere Personen in einem Gange der Höle gesehen, und auch davon große Klumpen Gold abgeschlagen haben sollen. Bei näherer Untersuchung habe man gefunden, daß dieses Gold an Feinheit und Reinheit alles andere übertreffe; die wiederholten Versuche dieser glücklichen Schatzgräber wären aber nicht mit eben dem Erfolge belohnt worden, denn alles Suchens ungeachtet hätten sie den Eingang zur Höle des goldenen Mannes nicht wieder finden können.

Unter allen diesen fabelhaften Sagen von der goldreichen Höle des Tidians ist folgende am meisten in der Gegend verbreitet, und trägt am unverkennbarsten den romantischen Charakter der grauen Vorzeit, in welchem wir fast immer die rächende Nemesis, dem Verbrechen auf dem Fuße folgend, erblicken: Vor mehrern Jahrhunderten lebte auf der alten Burg im Dienste eines Grafen von Falkenstein ein frommer gottesfürchtiger Schäfer. Eines Tages, es war der St. Johannistag, als er ruhig seine Heerde am Fuße der Berge weidete, erblickte er in der Mittagsstunde im Thalgrunde eine wunderschöne Blume, die sogleich seine ganze Aufmerksamkeit fesselte. Voll Verwunderung über den seltenen Schimmer ihrer herrlichen glänzenden Farben eilte er auf dieselbe zu, pflückte sie, und befestigte sie, nicht wissend, welches köstliche Kleinod er besitze, auf seinem Hute. Kaum hatte er sich wieder ruhig neben seiner Heerde im Schatten einer Eiche gelagert, als er nicht fern von sich den Eingang einer Höle erblickte, die er bis zu dieser Stunde, so oft er auch schon in dieser Gegend seine Schafe gehütet, nie wahrgenommen hatte. Voll Verwunderung über diesen neuen Anblick und voll Neugierde, das Innere dieser Höle näher zu untersuchen, betrat er dieselbe, und fand sie mit einem glänzenden Sande angefüllt. Außer sich vor Freude über den glänzenden Fund, und ahnend, daß dieser Sand mehr als gewöhnlicher Sand sei, füllte er seine Taschen mit dem schimmernden Funde, und trug denselben ohne Jemanden ein Wort von seinem Abentheuer zu erzählen, nach Magdeburg zu einem Goldschmidt. Dieser, dem beim ersten Anblicke sogleich der Schimmer des edelsten Metalls entgegenstrahlte, und der bei näherer Untersuchung die vorzügliche Reinheit und Güte desselben entdeckte, bezahlte den Schäfer ansehnlich, und bat ihn, in der Hoffnung eines künftigen größern Gewinns, ja recht bald und oft mit gefüllten Taschen zu ihm zurück zu kehren. Glücklich und überglücklich über seinen Fund, kehrte der ehrliche Schäfer zu seiner Heerde, und sein Glück nicht mißbrauchend, nur dann erst zu seiner Goldgrube zurück, als das für seine erste Ladung gelöste Geld aufgezehrt war.

58

So setzte er geraume Zeit, seine Entdeckung in den sichernden Schleier des Geheimnisses gehüllt, seine Gänge zur Höle des Ueberflusses und von da zu dem Goldschmidt nach Magdeburg fort.

Nun begab es sich, daß sein Herr, der Graf von Falkenstein, zu seiner bevorstehenden Vermählung mit seiner schönen Braut bei demselben Goldschmidt, den sein Schäfer so reichlich mit Golde versorgte, Ringe und anderes kostbares Geschmeide bestellte. Er erstaunte, als ihn der Goldschmidt fragte, ob er gewöhnliches oder Tidianisches Gold haben wollte, denn ihm war wohl bekannt, daß in seinen Waldungen ein ganzer Distrikt seit langer Zeit den Namen des Tidian führe. Auf seine Frage, was das für Gold sei und woher er es erhielte, belehrte ihn der Goldschmidt, daß das Tidianische Gold das schönste und reinste sei, was man bis jetzt kenne, und daß ein alter Schäfer ihm von Zeit zu Zeit davon bringe. Der Graf von Falkenstein, nur noch neugieriger durch diese Antwort gemacht, bat den Goldschmidt, ihn rufen zu lassen, sobald sein Goldlieferant zu ihm käme. Nicht lange, so erhielt der Graf die Nachricht, daß der Schäfer da sei, und er säumte nicht, sich sogleich zu dem Goldschmidt zu begeben. Hier fand er nun, zu seinem großen Erstaunen, in der Person des Goldmännchens seinen alten, wohlbekannten Schäfer, der eben so sehr erstaunte, hier mit seinem Herrn zusammenzutreffen, und sein so lange bewahrtes Geheimniß entdeckt zu sehen.

Arglos erzählte er auf das Geheiß seines Herrn diesem sein glückliches Abentheuer, und erbot sich, ihn zu der wunderbaren Höle des Tidian zu geleiten. Kaum war der Graf von Falkenstein auf seiner Burg angelangt, als er in Begleitung seines Schäfers den Weg zur Höle antrat, und die magische Kraft der Wunderblume, die der Schäfer noch immer, jedoch unbewußt, welche geheime Kraft dieselbe besitze, auf seinem Hute trug, zeigte auch beiden den Eingang zu den unterirdischen Schätzen, von denen sie, so viel sie fortbringen konnten, mit sich nahmen. Der Graf, entzückt über den glücklichen Ausgang seiner ersten Wanderung, erdrückte fast mit Liebkosungen den ehrlichen Schäfer, den er als den Urheber seines künftigen unermeßlichen Reichthums pries, und wiederholte bald in seiner Begleitung die

Wallfahrt zur Höle des Tidian mit eben so glücklichem Erfolge. Doch seine mit dem zunehmenden Reichthum wachsende Habsucht, seine unersättliche Goldgier peinigte ihn Tag und Nacht mit dem Gedanken, seine Schätze mit jemanden theilen zu müssen, und der quälende Argwohn, daß sein Schäfer das Geheimniß der Höle weiter verbreiten und ihn so um den größten Theil seiner von der Zukunft gehofften unermeßlichen Schätze bringen könne, verdrängte bald jedes menschliche Gefühl aus seiner Brust, und verleitete ihn zu der fürchterlichen Grausamkeit, seinem Wohlthäter die Augen ausstechen zu lassen. Da that der arme geblendete Mann, seinen

Peiniger verfluchend, den Wunsch, daß die Höle sich augenblicklich schließen, und so lange verschlossen bleiben möchte, bis drei gebrechliche regierende Herren, als ein Lahmer, ein Stummer und ein Blinder, auf dem Falkenstein residirt haben würden.

Sein Wunsch ward erhört, denn obgleich der Eingang zu der Höle des Tidians noch heut zu Tage existirt, so findet man doch nirgends mehr die Oeffnung zu der goldreichen Grotte, und obgleich bereits ein lahmer und ein stummer Herr von der Asseburg (von welchem Letztern sich das Bildniß noch in dem Rittersaale befindet) auf dem Falkenstein residirt haben sollen, so möchte doch wohl der dritte und letzte, der zur Oeffnung der Höle erfordert wird, umsonst erwartet werden, da nun schon seit 50 Jahren die alte Burg unbewohnt steht.

Carsten Kiehne   carsten.kiehne@gmx.net - 0160/99557252   www.sagenhafter-harz.com

60

*D*u schätzt unsere Arbeit und willst die Interessensinitiative „Sagenhafter Harz" unterstützen?

Dann empfehle uns gerne weiter, beteilige dich an einem Buchsponsoring und/oder kaufe gern eines unserer Bücher. Damit hilfst du, unsere Heimatgeschichte lebendig zu erhalten. Soll deine Firma hier an dieser Stelle beworben werden? Schreib uns gern: carsten.kiehne@gmx.net

Freu dich auf Anfang Dezember, dann kommt unsere Winter-Ausgabe! ☺

Carsten Kiehne   carsten.kiehne@gmx.net - 0160/99557252   www.sagenhafter-harz.com

Winterausgabe 2019 der Zeitschrift von

Sagenhafter Harz

Sagen und Märchen

Die Weggefährten

von Maria-Kathleen Zorn
und Carsten Kiehne

Ausgabe 4/2019

Die dunklen Tage

Alle Jahre wieder …!

Wird es draußen zunehmend dunkler, kälter, ungemütlicher … und, kommt das Weihnachtsfest näher, leider auch oftmals eher hektisch als besinnlich! Warum machen wir uns eigentlich immer solch einen Stress?

Geschenke schoppen, die des letzten Jahres toppen, nur Niemanden versäumen, aufräumen, noch 100.000 Mails checken, eben mal die Welt retten … & das alles nur, weil …

alle Jahre wieder, kommt das Christuskind, auf die Erde nieder, wo wir Menschen sind. Kehrt mit seinem Segen, ein in jedes Haus. Geht auf allen Wegen, mit uns ein und aus. …

… aber, wer feiert heute wirklich die Ankunft des Christkindes, des späteren Messias und Heilsbringers?

Das Weihnachtsfest feierte man in unseren Breiten schon lange vor dem Christentum. Einst hieß es noch „Jul", die Wintersonnenwende, ein geweihtes Fest (finnisch: „juhla"), das man zu Ehren der Götter feierte (jólnir, Beiname Odins, Mjölnir – Thors Hammer, die Blitz- & Lichtwaffe), um die Sonne zu ehren. Unsere Ahnen wussten: Die Sonne – Lebensspender & Heilsbringer – stirbt am kürzesten Tag, dem die längste Nacht des Jahres folgt … & wird mit dem folgenden Morgen wiedergeboren! Nichts hält ewig! Aber ist alles aus mit dem Tod? Von wegen: Alles ist nur im Wandel. Die Natur um uns herum: Sie schläft, träumt, atmet sich gesund, bildet neue Kräfte!

Mutter Natur erinnert uns daran: Kommt langsam zur Ruhe. Lasst all das alte, welke Laub, den Stress des Alltags los. Zieht euch in die Erde, ins warme Heim zurück & besinnt euch darauf, was wichtig ist. Welche Menschen hängen euch am Herzen? Gibt's Worte, die noch gesagt; Taten, die noch getan werden müssen, um das alte Jahr zu einem guten Ende zu bringen? Nachfolgend schenken wir euch einige Geschichten & Rituale, die helfen können, gemeinsam mit neuer Kraft zu leuchten & mit dem Volldampf der Brockenbahn im neuen Jahr durchzustarten!

Von Herzen ein gesegnetes, heiliges Fest! Euer Team von „Sagenhafter Harz" ☺

Auszug aus dem Inhalt

Foto oben von Stefan Herfurth

(Stefan Herfurth Photographie; stefanherfurth@hotmail.de)

Auswahl öffentlicher Termine

Tag	Zeit	Veranstaltungsname	Preis
1.Dienstag im Monat	19:00-20:30	**Sagenhaftes Glück,** Märchenabend im Clubraum, Paracelsus-Harzklinik in Bad Suderode	Spende
2.-4. Dienstag im Monat	18:30-20:30	**Sagenhafte Abendwanderungen** Paracelsus-Harzklinik in Bad Suderode	Spende
15.01.	Abends	**Sagenhaftes Ballenstedt** Gewölbekeller, Schloss Ballenstedt	Geladene Gäste
07.02.	17:00-20:00	**Sagehaftes Glück – Basisworkshop** (auch am: 05.03. & 10.04.)	22,- pP
08. & 09.02.	17:00-22:00 07:00-09:00	**Bräuche zu Imbolc/Lichtmess** Grünstr. 20 Bad Suderode, Hexentanzplatz & Rosstrappe	75,- pP
20. & 21.03.	17:00-20:00 05:00-08:00	**Bräuche zum Frühlingsanfang/zum Osterfest** Grünstr. 20 Bad Suderode & Calciumquelle	59,- pP
09.04.	Nachmittags	**Kulinarische Stadtführung mit dem Thema „Osterbräuche"** Kartenvorverkauf im Regionalladen Quedlinburg	49,- pP
01.05.-03.05.	siehe Internetseite	**Wochenend-Workshop „Achtsame Schritte auf dem Teufelsmauerstieg",** Grünstr. 20 Bad Suderode	
07.06.	Nachmittags	**Kulinarische Stadtführung mit dem Thema „Kräutersagen"** Kartenvorverkauf im Regionalladen Quedlinburg	49,- pP
19.06.-21.06.	siehe Internetseite	**Basis-Workshop „zum Sagen- & Märchenerzähler",** Grünstr. 20 Bad Suderode	
...	...	*Freut euch auf mehr ...*	

Natürlich gibt es weit mehr öffentliche Termine, die erst im Laufe der nächsten Monate hinzugefügt werden. Wir bitten um Verständnis: Die meisten Veranstaltungen lassen nur eine begrenzte Teilnehmerzahl zu. Wer sich zuerst verbindlich anmeldet, bekommt den Platz!"
(Verbindlich angemeldet ist jene Person, deren Teilnehmerbeitrag eingegangen ist)

Lust auf eine individuelle Führung?

Selbstverständlich könnt ihr uns für euer Event (Geburtstag, Hochzeit oder ein etwaiges Jubiläum) gerne buchen! Fragt einfach an: Für Gruppen von 5-105 Jahren erstellen wir gerne individuelle Führungen oder Erzähl-Veranstaltungen! (Preise je nach Vereinbarung)

Carsten Kiehne   carsten.kiehne@gmx.net - 0160/99557252   www.sagenhafter-harz.com

Vergangene Veranstaltungen

Die letzten Monate ...

... mussten wir leider viele Menschen enttäuschen, weil wir aus Zeitgründen nur schätzungsweise jede zweite Anfrage annehmen konnten. Einerseits tut uns das unglaublich leid, ...

... *wir hätten gerne für euch erzählt und bedanken uns, für das in uns gesetzte Vertrauen* ...

... andererseits ist es phantastisch, dass Sagen & Märchen absolut im Kommen sind. Ja, es scheint fast so zu sein, dass in unserer schnell-lebigen Zeit, eine umfassende Rück-besinnung auf die alten Werte statt-findet! Hier vielleicht noch einmal der Aufruf an alle, die das Zuhören und Erzählen lieben:

„Sagenhafter Harz" sucht immer wieder Erzähler!

Derzeit bilden wir ein Netzwerk & bilden auch selber aus, um die Nachfrage von Betrieben, Vereinen, Schulen, Kinder-gärten sowie privaten Gruppen abfe-dern zu können! Der nächste Basis-Workshop zum „Sagen- & Märchen-erzähler" findet im Juni 2020 statt! ☺

Ein Sagenhafter Schultag in Klostermansfeld:

„Spannender als Harry Potter ...",

findet eines der Kinder aus der Grundschule Klostermansfeld – in der wir sage und schreibe fünf Stunden erzählen durften – als es die Sagen hörte, wie der Ritter einen der letzten Harzer Drachen bei Mansfeld besiegte. Eine 3.Klässlerin lacht: „Ach, daher kommt der Name >Mansfeld<!" Alles lauscht gebannt, wie und wann man den Schatz im Schloss Mansfeld heben kann. Angst vor Schlangen sollte man dabei nicht haben, auch nicht vor Kobolden, die es hier & in der Umgebung reichlich gibt.

Grundschule Klostermansfeld, November 2019

In diesem Quartal, wen wundert es, gab es zig Anfra-gen & Veranstaltungen – quer übers ganze Harz-gebirge – zum Thema Weihnachtsfeiern, allen voran beim **Sportklub Halberstadt** und dem **Wester-häuser Heimatverein**, bei denen wir herzlich bewir-tet wurden – einen großen Dank noch einmal! Erzäh-len durften wir – neben den regelmäßigen Veran-staltungsorten – u.a. bei den **Herzsportgruppen Bad Suderodes**, in der Halberstädter **Buchhand-lung Schönherr** & der **Bibliothek in Nordhausen**.

Sie leben in den sagenumwobenen Schiefer-steinen der Gegend. Bricht man einen Stein auf, ist wo-möglich ein seltenes Marienbild darin ... oder eben ein Kobold, den du nicht verärgern solltest. ☺ Gerade jetzt zur Weihnachtszeit, sollte man ihnen Essen rausstellen, sie gütig zu stimmen und zu Freunden zu machen, denn dann wäre einem das Glück für immer hold! Nach den Geschichten gab es Spiele und Rätsel ... - was für ein sagenhaft schöner Schultag! ☺

Carsten Kiehne   carsten.kiehne@gmx.net - 0160/99557252   www.sagenhafter-harz.com

Zeit für Sagen & Märchen

Der Bergmönch

Der gute Geist des Harzes, vor allem jener der Bergleute, ist sicherlich der Bergmönch. Schon Vielen, denen er tief ins Herz blickte, hat er geholfen, immer jedoch mit der Warnung, man möge nicht verraten, dass man ihn gesehen und er geholfen hätte. Dem einen in Not geratenen Hauer füllte er das Grubenlicht wieder auf, so dass niemals mehr Lampenöl nachgegeossen werden musste, der Andere bekam einen Taler, der immer, wenn er ausgegeben ward, wieder in der Tasche steckte. Viele haben bisher aus Stolz oder einem anderen trunkenen Gedanken ihr geschenktes Glück vertan:

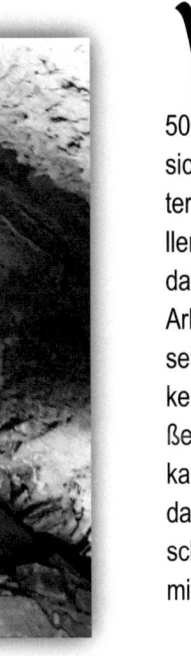

Der Bergmann mit der nie leer werdenden Ölleuchte zum Beispiel, wurde irgendwann gefragt, was es denn damit auf sich hätte und warum ihm das Glück beim Finden und Schlagend der Erze so hold wäre! Zuerst konnte er noch schweigen. Nach dem vierten Met aber wurde seine Zunge locker und er plauderte alles aus: Von seiner Begegnung mit dem Bergmönch unter Tage. Er wäre ausgewählt und gesegnet worden, weil er eben ein besonderer Mensch sei.

Da ward er verlacht von Allen, die in der Kneipe saßen und, wie der Bergmann am anderen Morgen einfuhr, da war das Lampenöl nach kurzem Leuchten alle und er saß allein in der ausweglosen Dunkelheit. Daraus half ihm kein Bitten & Wehklagen, der Bergmönch erbarmte sich dem Besonderen nie wieder. Wenn er nicht gestorben ist, sucht der Bergmann noch heut sein Glück, das er allzu leichtfertig verworfen hatte. (aufgeschrieben in "Sagenhaftes Glück")

Unser Ausflugstipp für dich: Der 19-Lachter-Stollen in Wildemann

Von den 8,8 km Stollenlänge, der bis hinter Clausthal-Zellerfeld führt, sind heute rund 500m als Besucherbergwerk zu besichtigen. Den Langgewachsenen unter uns, vermittelt der 19-Lachter-Stollen einen verdammt guten Eindruck davon, wie müßig das Leben und die Arbeit eines Bergmannes gewesen sein müssen, da man bei einer Deckenhöhe von teils nur 1,40m über große Strecken nur gebückt „einfahren" kann, wenn ich mit meinen 1,92m nur daran denke, bekomme ich Rückenschmerzen! Hier durchkrauchen, sich mit Hammer & Meißel vorarbeiten?

65

Nicht mit mir, vor allem, wenn ich höre, dass geübte Bergleute mit dem eben erwähnten, herkömmlichen Werkzeug bei diesem harten Gestein lediglich einen bis drei Zentimeter Vortrieb pro Tag schafften! Respekt! - Bereits im Jahre 1551 wurde er zur Bewetterung anderer Stollen im Revier angelegt und diente später als Wasserlösungsstollen.

Carsten Kiehne   carsten.kiehne@gmx.net - 0160/99557252   www.sagenhafter-harz.com

Seinen Namen verdankt er übrigens einem alten Längenmaß aus dem Bergbau: 1 Lachter war beinahe 2 Meter. Genau 19 Clausthaler Lachter (ca. 36 Meter) liegt der Stollen unter dem Glückswardstollen!

2010 wurde der Stollen als Teil des Oberharzer Wasserregals zum Weltkulturerbe der UNESCO ernannt: Besichtigen und Auszuprobieren gibt es Einiges, wie die alte Lore, die vollbeladen (mit 7 Kindern) fast von selbst gen Ausgang fährt; oder die Radstube mit dem 9m-großen-Kehrrad; die ehemalige Kunstradstube; den Blick in den über 250m tiefen Blindschacht, der von einer Stahlbrücke aus, für den einen mehr oder weniger „genießbar" ist; sowie das kleine aber feine Besuchermuseum.

Nun aber viel Vergnügen beim gebückten Einfahren – bis Weihnachten: Samstags 14 Uhr, Sonntags 11 Uhr – & beim Absolvieren des „Pochdiploms"! 😊

Glück auf, euer Carsten Kiehne! (www.19-lachter-stollen.de)

Aufnahme von der Landesbergparade in Bad Suderode mit Bergandacht & Mettenschicht

66

Carsten Kiehne   carsten.kiehne@gmx.net - 0160/99557252   www.sagenhafter-harz.com

In diesem Rätsel verstecken sich 20 sagenumwobene Begriffe, die mit Weihnachten verbunden sind. Finde sie & schicke uns deine Lösung – viel Spaß & ein Frohes Fest!

E	T	H	C	U	E	L	L	U	J	O
I	M	E	T	N	E	V	D	A	L	T
S	H	O	L	L	E	H	M	D	A	H
R	O	T	O	H	F	L	G	I	M	C
I	E	N	S	C	H	A	L	M	E	I
E	U	H	N	N	J	M	D	O	T	H
S	R	A	U	E	N	A	C	H	T	C
E	F	E	D	O	N	U	S	S	A	S
L	R	L	N	M	N	W	E	I	N	N
B	I	E	L	G	A	B	E	N	N	E
W	E	E	Z	R	E	K	H	N	E	T
L	D	E	B	E	I	L	U	Z	D	T
A	E	N	E	B	E	G	R	E	V	E
N	N	T	H	C	E	R	P	U	R	M

_____

_____

_____

Hole dir jetzt - mit etwas Glück - ein Buch von „Sagenhafter Harz" deiner Wahl! ☺

Schicke deine Lösungen dazu einfach an: <u>carsten.kiehne@gmx.net</u> (Einsendeschluss: 06.01.2010)

Sagenhaftes Harz

Schnee-Skulpturen; altes Postkartenmotiv Benneckensteins

Woher Benneckensteins Name kommt

Unterm großen Rappenberg, im Tal der Rappbode, lag einst eine kleine Wiese mit wunderbarem Blick zum Blocksberg, an der nur selten Menschen aufeinandertrafen. Doch wer liebte es nicht, hier zu rasten und den Blick in die Ferne zum höchsten Gipfel des Harzes schweifen zu lassen. So hielt es auch eine alte Frau, die mit ihrer schweren Kiepe, einmal pro Woche von Hasselfelde nach Walkenried lief, dort ihre Waren feilzubieten. Sie hatte hier ihre Kiepe abgestellt und sich unter der alten Eiche zur Ruhe gelegt. Kurz darauf aber kam ein Jägersmann des Weges gelaufen, meinte ebenso, dass Pausenzeit wäre, fand unter der Eiche einen dicken Stein, setzte sich drauf und pfiff sein Lied. Wie der Jäger zum Brocken blickte und überlegte, ob oben gerade die Hexen mit dem Teufel am wärmenden Feuer säßen, rappelte unter ihm die Erde.

Wie vom Teufel überfallen, ließ er seine Stulle fallen, krallte sich am Grunde fest und rief „Mutter Maria im Himmel, lass die Erde ruhen!" - Wie erstaunt war er, als Mutter Maria ihm tatsächlich Antwort gab: „Benn-eck-an-staan?", rief sie in tadel-losem Harzer Platt, warf den Jäger zu Boden und rappelte sich auf. „Bin ich ein Stein, dass du dich auf mir niederpflanzt?", wiederholte sie zornig. Doch dem Jäger waren die Worte im Halse stecken geblieben. Ungläubig sah er der alten Kiepenfrau an, gestand seinen Fehler und bat um Verzeihung, worauf beide himmlisch zu lachen begannen. Noch heute lacht man darüber und nennt den Ort des Geschehens, an dem sich bald viele Bergleute niederließen „Benneckenstein"!

68

Ey! Ben ick'n Steen?

Sponsoren gesucht

Bücher von Sagenhafter Harz

Bereits erschienen: Beiträge für Heimatkunde

+++ *„Sagenumwobene Jahresfeste"* +++

- Sagen & Märchen von Bad Suderode
- Sagen & Mythen von Thale
- Die schönsten Quedlinburger Sagen
- Bad Suderöder Anekdoten
- Sagenhaftes Halberstadt
- Gernröder Sagen
- Sagen von Ballenstedt & dem Selketal
- Quedlinburger Anekdoten
- Die schönsten Sagen aus Blankenburg

Wer weiß heute schon noch, weshalb wir die alten Feste und Bräuche feiern? Weshalb verstecken wir Ostereier? Warum tanzen die Hexen zu Walpurgis? Welche Jugendweihebräuche kanten unsere Ahnen? Ein Buch, das hilft, die alten Feste wieder mit Sinn & schönen Ritualen in Gemeinschaften zu begehen!

Für das neue Buch von „Sagenhafter Harz" geht die Interessensinitiative bis Ende März 2020 auf SPONSORENSUCHE!!!
Wer das lokale Werk ab 50,-€ unterstützt, wird namentlich im Buch erwähnt, bekommt ein signiertes Exemplar zugeschickt & hilft den Schatz unserer Heimatgeschichte von ca. 100 Sagen auf etwa 160 Seiten zu bewahren! ☺ Das Buch wird später als Hardcover-Variante in mit dem Preis von 20,-€ in jedem Buchladen und im Internet erhältlich sein! Danke für euer Interesse, schreibt einfach eine Mail mit der Betreffzeile „Buchsponsoring" an carsten.kiehne@gmx.net

Euer Sagenerzähler, Carsten Kiehne

Sagenbücher für Kinder

- „Die Rosstrappe", „Der Hexentanzplatz" & „Die Unsichtbaren Helfer von Quedlinburg"

Diverses

- Bekannteste Sagen aus dem Ostharz (2016)
- Sagenhafter Südwestharz (2017)
- Sagenhafter Brocken (2017)
- Kräutersagen aus dem Harz (2018)
- Sagenhafte Sagensammler (2018)
- Sagenhafter Nordharz (2019)
- Sagenhafter Südharz (2019)
- Sagenhaftes Glück (2019)

Heilende Geschichten

Königin Mathildis Rückkehr

Nach dem Tode König Heinrichs I. zog sich seine Witwe Königin Mathilde – Tochter des säch-sischen Grafen Dietrichs, eines Nachkommens Widukinds, jenes Herzogs der Sachsen, der sein Volk einst gegen Karl den Großen und dessen blutige Christianisierung führte – auf ihre Besitztümer in Nordhausen zurück, welche ihr der König zu Lebzeiten vermacht hatte. Als wahre Christin wirkte sie edel- und gutmütig, beschenkte die Kirche und die Klöster und sah es als ihre Herzenspflicht, den Armen und Bedürftigen zu helfen, weshalb man sie schon zu Lebzeiten als Heilige pries. Diese grenzenlose und dadurch kostspielige Wohltätigkeit, war ihren Söhnen Otto und Heinrich freilich ein Dorn im Auge! Als sie es nicht mehr dulden konnten, dass ihre Mutter die Besitztümer des Vaters weiterhin mit offenen Armen verschenkte und damit den Reichtum und die Herrschaft der Söhne schmälerte, zwangen sie die Königin als Nonne in ein westfälisches Kloster einzutreten. Von diesem Tage aber an, sahen sich die Brüder von stetem Unheil verfolgt:

Eine Krankheit kam auf die andere, treue Freunde wandten sich ab und selbst die sichersten Unterfangen missglückten.

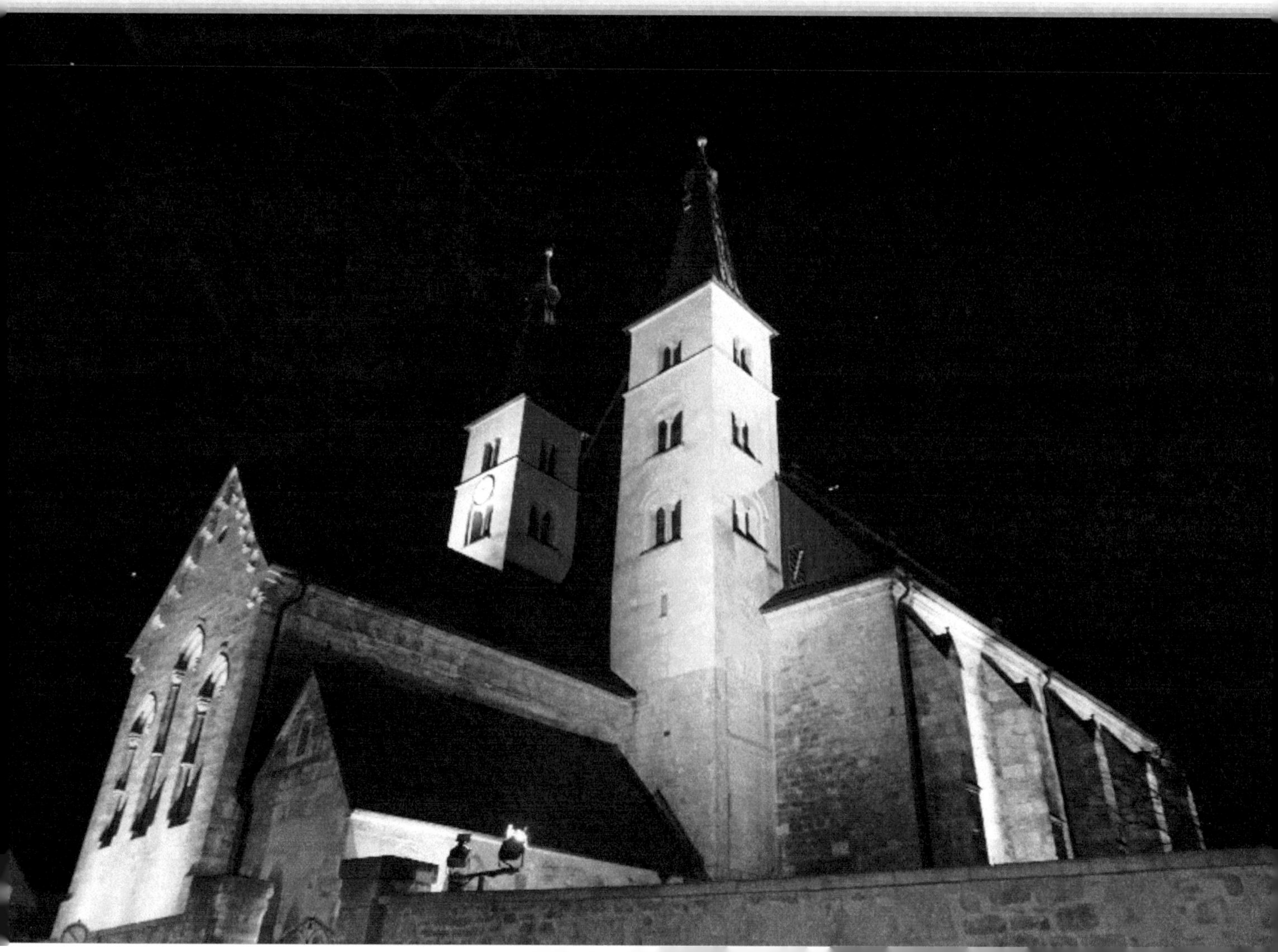

Auszug
aus unserem Buch
„Sagenhaftes Glück"

„Ist es eine Strafe für unsere Härte der Mutter gegenüber?", fragte Heinrich seinen älteren Bruder, der dasselbe auch schon lange dachte und mürrisch beschloss, Mathilde lieber wieder nach Nordhausen zurückkehren zu lassen. Hier kaum angekommen, verschenkte die Königin weiterhin ihre Habe und gründete ein Nonnenkloster, zu dessen Weihe auch ihr Sohn Otto kam, der mittlerweile Kaiser war. Als er nach sieben Tagen endlich nach Italien aufbrach, konnte er seiner Mutter nach der Messe nicht einmal in die Augen schauen. Betont gleichgültig nahm er von ihr Abschied, sie aber blickte ihm noch lange weinend nach und stand noch immer an der Kirchenpforte als sein Tross schon längst aus Nordhausen ausgezogen war. Mit ihrer letzten Träne ging sie in die Kirche zurück, kniete sich an jener Stelle nieder, an der ihr Sohn, Kaiser Otto, soeben noch gestanden hatte und küsste jenen Flecken, auf dass der Segen der Liebe einer Mutter ihn auf seiner langen Reise bewahre.

Als Graf Wittger, der gleichermaßen ein Freund von Königin und Kaiser war, dies sah, ritt er Otto nach, um ihm vom Segenskuss der Mutter zu berichten. Der Kaiser spürte die Wahrheit hinter jenen Worten und bereute nun seine Härte sehr. Mit feuchten Augen ritt er zurück, fand die liebe Mutter noch immer weinend in der Kirche hocken, nahm sie in die Arme und Tränen perlten aus Beider Augen. „Liebe Mutter verzeih ...! Dir verspreche ich ins Herz, heil zurückzukommen, deinen Schmerz zu trösten, nimmermehr Gram gegen dich zu hegen!" – Von dieser Stunde an gelang dem Kaiser jedwedes Unternehmen. *(aufgeschrieben von Carsten Kiehne in Sagenhaftes Glück")*

71

Die Essenz der Sage:

Die Sage erzählt davon, wie sich ein Zerwürfnis zweier Menschen auf unsere Gesundheit auswirkt: Vom Tage der Verbannung der Königin an, „jagte eine Krankheit die andere, wandten sich treue Freunde ab und selbst die sichersten Unterfangen missglückten." Umso kraftraubender wirkt dieser Konflikt auf Körper und Geist, desto näher wir diesem geliebten Menschen standen. Gefühle von Schuld oder aufgestauter Wut sind überaus mächtig, wobei sich nicht nur unsere Taten verhängnisvoll auswirken, sondern schon allein unsere um Rache kreisenden Gedanken, Verwünschungen und Flüche, unsere Worte sowieso. Sie töten langsam jegliche Freude, lassen das Herz stocken, den Geist eng werden. Langfristig wirken sie sogar auf den Körper: „Da krieg ich so einen Hals!", „Das schlug mir auf den Magen", „und die Nase habe ich auch voll!"

Welche Wege unsere Ahnen kannten, zu vergeben und ihre Gefühle zu befrieden, erfährst du in unseren Workshops zum Thema & in unserem Buch, aus dem wir dir nachfolgend einige Seiten abgelichtet haben:

Gedanken zum Weinen

Bin ich eigentlich glücklich? Eine Frage, die ich mir regelmäßig stelle! Auf einer Skala von 1-10 – wobei 1 meint: „Wenn Scheiße, dann Scheiße mit Schwung!" und die 10 Goethes Ausspruch am besten charakterisiert: „Moment, bitte verweile doch, du bist so schön!" – wo stehe ich? Was kreuzen meine 5 besten Freunde an, wenn ich ihnen diese drei Smileys zum Ankreuzen vorlege, um mich am ehesten zu beschreiben?

Diese Übung verlangt vielleicht etwas Mut, zumindest bei vielen Menschen, denn sie könnten ja anders eingeschätzt werden, als sie das selbst tun. Fallen die ersten 3 Antworten gänzlich unerwartet aus oder kenne ich keine 5 Menschen, die mich realistisch einschätzen, darf ich abermals fragen: Wie glücklich bin ich wirklich? Alle unbearbeiteten Konflikte, Schicksalsschläge legen sich als Schleier über mein Bewusstsein. Ich sehe die Welt dann nicht mehr klar, sondern durch einen verschmutzten Filter: Ein gutes Experiment dem eigenen Filter auf die Schliche zu kommen, ist Folgendes: Der Stift schreibt die ersten Gedanken auf, die mir in den Sinn kommen, ohne, dass die innere Bewertungskommission sie ändert.

Die Welt ist voller …

Die individuellen Antworten sind selbstredend von Land zu Bundesland verschieden, was hierzulande immer ähnlich ist, ist der Schnitt, dass 2/3 aller Deutschen durch einen negativen Filter schauen. Wenn ich mich täglich über Hundehaufen ärgere, sehe ich sie plötzlich überall! Als ich wiederum das erste Mal Vater wurde, sah ich überall Schwangere & Kinderwagen – die reinste Epidemie!

Worauf ich mich fokussiere, was ich erwarte (Sich-selbst-erfüllende-Prophezeiungen), woran ich denke (Sprache macht einen riesigen Unterschied! Ein Beispiel: „Das ist doch kein Problem!", „Ich muss …", Die Welt ist voll Arschlöcher!" – setzt in mir etwas anderes frei als: „Wir schaffen das!", „Ich hab mich entschieden …", „Die Welt ist voll von verhaltens-originellen Menschen!"), holt mich wieder ein.

Auch, was ich nicht geklärt habe, was ich nicht verzeihen kann, was ich bereue, lastet schweren Steinen gleich auf meiner Schulter und holt mich auch in der Beziehung mit anderen Menschen wieder ein: Das Resonanzgesetz – die Welt spiegelt mich und meine Themen! Wenn ich mit dem Filter „Die Welt ist voller Arschlöcher, Egoisten, Verrückter!" (was übrigens die häufigsten Antworten der oben genannten Frage waren, wobei es freilich auch solche Sonderlinge gibt, die „Liebe", „Dankbarkeit" & „Möglichkeiten" angaben), die Welt um mich herum unsicher mache, mute ich den Menschen um mich herum einiges zu. Nicht selten hörte ich eine Aussage, wie diese: „Ich schnauze ja nur zurück, der andere hat doch angefangen, da kann man ja nicht ruhig bleiben!" Mmh, muss ich wirklich reagieren oder habe ich die Möglichkeit, mit einem anderen Filter und einer anderen Grundstimmung, diese Situation besser zu meistern? Vera F. Birkenbihl, weltbekannte Buchautorin und Motivationstrainerin, sagte einmal: „Was mute ich meinem Umfeld mit mir zu? Was immer ich tue, übertrage ich auf Andere, was immer Andere tun, überträgt sich auf sie … außer, sie kapieren das! Dann kann der HoRmo-sapiens etwas dagegen tun und wieder zum Homosapiens werden."

Wenn ich beschließe, mein Leben wieder mehr und mehr in die eigenen Hände zu nehmen und mit der „Ja"-Atemübung des letzten Kapitels unweigerlich alle Gefühle in mich einlade, die gesehen werden wollen, kommt sicher auch Traurigkeit in mir auf!

Exkurs der Übung: Bedingungsloses Ja

Der Bergmann des Märchens „Morgen ist morgen" vertraute sich dem großen Ganzen an: „Gott wird schon für mich sorgen!", wusste er und sagte damit ganz und gar „Ja"! Um dieses Ja, das ihn alle Herausforderungen überwinden ließ, geht's bei dieser Übung: An jedem Ort und zu jeder Zeit, kann ich mir meiner Atmung bewusst werden und damit ins Hier & Jetzt zurückkommen. Beim Ausatmen sage oder denke (also intoniere) ich das „Ja", einatmend stelle ich mir vor, wie ich nicht nur Sauerstoff, sondern pure Lebensenergie in mich aufnehme. Was bewirkt fünf 5 Minuten „Ja!"- atmen in mir?

Das ist hervorragend! Um wieder heil zu werden, das Glück zu fühlen, dürfen wir uns unseren Schatten stellen, auch weinen, vielleicht unterstützt diese Übung: Wenn ich diese Übung praktiziere (abgeleitet aus dem Ho'oponopono, einem traditionellen Verfahren der Hawaiianer, um etwas „in Ordnung" zu bringen), erinnere ich mich oft an Menschen, mit denen ich noch „eine Rechnung" offen habe. Mein Lehrer und Freund sagte oft: „Denke dran, es gibt nur zwei Arten von Menschen, deine Freunde und deine Lehrer!" – „Jop", denke ich heute, „Die Verhaltensoriginellsten von ihnen, haben mich wahrlich einiges über mich gelehrt!"

Auch ich bin ein Lehrer für andere, fordere mein Gegenüber heraus, sich selbst zu hinterfragen. Aus meiner jetzigen Sicht sehe ich es so: Jeder Mensch möchte glücklich sein, nur wählt jeder seinen ganz eigenen Weg zum Ziel. Wenn ein Mensch selbst glücklich ist und weiß, was den anderen Menschen glücklich macht, kann er einen anderen Menschen nicht bewusst schaden! Nur unglückliche & unwissende Menschen vermehren absichtlich Leid!

Unsere Ahnen hatten übrigens feste Tage im Jahreskreis, in denen sie alte Themen aus der Welt schafften und mit sich selbst zu Gericht gingen. Prinzipiell waren das all jene Feiertage, die wir auch heute noch kennen und in Gemeinschaft erleben. Um gemeinsam zu feiern, wussten unsere Ahnen, musste man in Frieden sein!

Übung: Aussöhnung  73

Ich suche einen stillen Platz, an dem ich ungestört nachsinnen kann. Dann denke oder spreche ich jeden der 4 Sätze einige Minuten lang, wiederhole ihn immer wieder und lasse mein Herz von den Dingen, Gedanken und Bildern berühren, die in mir aufsteigen wollen:

Es tut mir leid!

Bitte verzeih mir!

Danke!

Ich liebe dich!

DAS MAGAZIN ZU DEN THEMEN
TOURISMUS | MENSCHEN |

DAS MAGAZIN ZU DEN THEMEN
TOURISMUS | MENSCHEN |

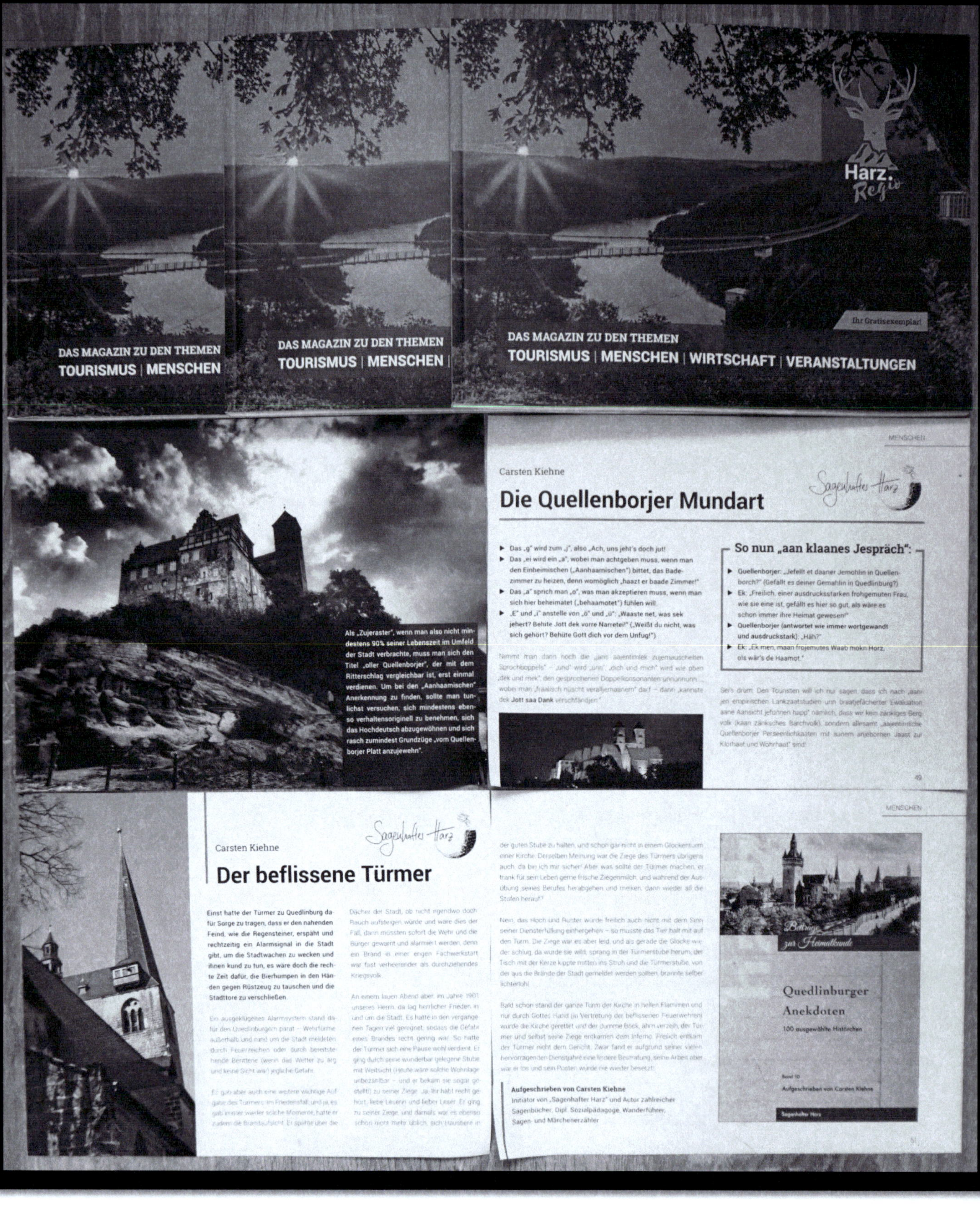

DAS MAGAZIN ZU DEN THEMEN
TOURISMUS | MENSCHEN | WIRTSCHAFT | VERANSTALTUNGEN

Ihr Gratisexemplar!

Carsten Kiehne

Die Quellenborjer Mundart

Als „Zujeraster", wenn man also nicht mindestens 90% seiner Lebenszeit im Umfeld der Stadt verbrachte, muss man sich den Titel „oller Quellenborjer", der mit dem Ritterschlag vergleichbar ist, erst einmal verdienen. Um bei den „Aanhaamischen" Anerkennung zu finden, sollte man tunlichst versuchen, sich mindestens ebenso verhaltensoriginell zu benehmen, sich das Hochdeutsch abzugewöhnen und sich rasch zumindest Grundzüge „vom Quellenborjer Platt anzujewehn".

► Das „g" wird zum „j", also „Ach, uns jeht's doch jut!
► Das „ei wird ein „a", wobei man achtgeben muss, wenn man den Einheimischen („Aanhaamischen") bittet, das Badezimmer zu heizen, denn womöglich „haazt er baade Zimmer!"
► Das „a" sprich man „o", was man akzeptieren muss, wenn man sich hier beheimatet („behaamotet") fühlen will.
► „E" und „i" anstelle von „ö" und „ü": „Waaste net, was sek jehert? Behüte Jott dek vorre Narretei!" („Weißt du nicht, was sich gehört? Behüte Gott dich vor dem Unfug!")

Nimmt man dann noch die „ganz eigentümlek zugenuschelten Sprochboppels" – „zesl" wird „ums", „dich und mich" wird wie oben „dek und mek" den geschnickelten Doppelkonsonanten unruummum wobei man „fraalisch nuschel verallgemaanern" darf – dann „kannste dek Jott saa Dank verschtänden"

So nun „aan klaanes Jespräch":

► Quellenborjer: „Jefällt et daaner Jemahlin in Quellenborch?" (Gefällt es deiner Gemahlin in Quedlinburg?)
► Ek: „Freilich, einer ausdrucksstarken frohgemuten Frau, wie sie eine ist, gefällt es hier so gut, als wäre es schon immer ihre Heimat gewesen!"
► Quellenborjer (antwortet wie immer wortgewandt und ausdrucksstark): „Häh?"
► Ek: „Ek men, maan frojemutes Waab mokn Harz, als wär's de Haamot."

Sein drum. Den Touristen will ich nur sagen, dass ich nach jahrjen empirischen Lankzeitstudien und braatjefächerter Ewaluation aane Aansicht jefuhren kopp" nämlich, dass wir kein zänkiges Bergvolk (kaan zänkisches Barchvolk), sondern allesamt „aajenörische Quellenborjer Perseenlichkaaten mit aanem anjebornen Joast zur Klonhaat und Wohrhaat" sind.

49

Carsten Kiehne

Der beflissene Türmer

Einst hatte der Türmer zu Quedlinburg dafür Sorge zu tragen, dass er den nahenden Feind, wie die Regensteiner, erspäht und rechtzeitig ein Alarmsignal in die Stadt gibt, um die Stadtwachen zu wecken und ihnen kund zu tun, es wäre doch die rechte Zeit dafür, die Bierhumpen in den Händen gegen Rüstzeug zu tauschen und die Stadttore zu verschließen.

Ein ausgeklügeltes Alarmsystem stand dafür den Quedlinburgern parat – Wehrtürme außerhalb und rund um die Stadt meldeten durch Feuerzeichen oder durch bereitstehende Beritene (wenn das Wetter zu arg und keine Sicht war) anjiche Gefahr.

Es gab aber auch eine weitere wichtige Aufgabe des Türmers: im Friedensfall, und ja, es galt immer wieder solche Momente, hatte er zudem die Brandaufsicht. Er spähte über die Dächer der Stadt, ob nicht irgendwo doch Rauch aufsteigen würde und wäre dies der Fall, dann mussten sofort die Werte und die Burger gewarnt und alarmiert werden, denn ein Brand in einer engen Fachwerkstadt war fast verheerender als durchziehendes Kriegsvolk.

An einem lauen Abend aber, im Jahre 1901 unseres Herrn, da lag herrlicher Frieden in und um die Stadt. Es hatte in den vergangenen Tagen viel geregnet, sodass die Gefahr eines Brandes recht gering war. So hatte der Türmer sich eine Pause wohl verdient. Er ging durch seine wunderbar gelegene Stube mit Weitblick (heute wäre solche Wohnlage unbezahlbar – und er bekam sie sogar gestellt) zu seiner Ziege, ja, ihr habt nicht gehort, liebe Leserin und lieber Leser. Er ging zu seiner Ziege, und damals war es ebenso schön nicht mehr üblich, sich insichere in

der guten Stube zu halten, und schon gar nicht in einem Glockenturm einer Kirche. Derselben Meinung war die Ziege des Türmers übrigens auch, da bin ich mir sicher! Aber was sollte der Türmer machen, er trank für sein Leben gerne frische Ziegenmilch, und während der Ausübung seines Berufes herabgehen und melken, dann wieder all die Stufen herauf?

Nein, das Hoch und Runter wurde freilich auch nicht mit dem Sinn seiner Diensterfüllung einhergehen – so musste das Tier halt mit auf den Turm. Die Ziege war es aber leid, und als gerade die Glocke wieder schlug, da wurde sie wild, sprang in der Türmerstube herum, der Tisch mit der Kerze kippte mitten ins Stroh und die Türmerstube, von der aus die Brände der Stadt gemeldet werden sollten, brannte selber lichterloh.

Bald schon stand der ganze Turm der Kirche in hellen Flammen und nur durch Gottes Hand (in Vertretung der beflissenen Feuerwehren) wurde die Kirche gerettet und der dumme Bock, ihm verzieh, der Türmer nicht dem Gericht. Zwar kam er aufgrund seiner vielen hervorragenden Dienstjahre eine leidlere Bestrafung, seine Arbeit aber war er los und sein Posten, wurde nie wieder besetzt.

Aufgeschrieben von Carsten Kiehne
Initiator von „Sagenhafter Harz" und Autor zahlreicher Sagenbücher, Dipl. Sozialpädagoge, Wanderführer, Sagen- und Märchenerzähler.

Beiträge zur Heimatkunde

Quedlinburger Anekdoten

100 ausgewählte Histörchen

Band 10
Aufgeschrieben von Carsten Kiehne

Sagenhafter Harz

51

Carsten Kiehne   carsten.kiehne@gmx.net - 0160/99557252   www.sagenhafter-harz.com

Teamseite:

Glückstraining ...

Vor einigen Jahren hörte ich den für mich lebensverändernden Satz: „ALLES-IST-ENERGIE". Das öffnete mein Herz (Fühlen), meine Augen (Sehen) & Ohren (Hören), also alle Sinne für die „Energien", die um uns alle sind. Es war ein anderes, ein bewussteres Wahrnehmen. Es gibt auf dieser so wunderbaren, sagenhaften Welt, trotz ihrer „Schattenseiten", so unglaublich Vieles zu entdecken!

Als Glückstrainerin führe ich allein oder gemeinsam mit meinem Partner Carsten Kiehne Veranstaltungen & Workshops zum Thema „Glückstraining" durch, an Schulen, Jugendfreizeit-zentren, Rehakliniken u.a.! Auch auf unseren „Wunderungen" laden wir Menschen ein, „Sagenhafte Glücksmomente", zu erleben, indem wir Tipps geben, sich achtsam in die Dinge einzuspüren. Sei gespannt, wie wir wandernd, die Wunder des Lebens und des Selbst entdecken! 😊

Manuela Petri

Glückstrainerin 0152 / 3401 5375 manupetri@web.de

(Bei Anschriften, bitte im Betreff „Glück" angeben!)

75

Workshop „Sagenhaftes Glück"

Hast du Lust, dich tiefer in die Prozesse einzuspüren, die dich ohnehin – meist un-bewusst – im Würgegriff haben, um dich daraus mit ein bisschen Übung zu befreien? Ja, du hast richtig gehört:

„Glück ist trainierbar!"

... und der gute Umgang mit zumeist „un-geliebten" Emotionen, wie Wut, Angst & Trauer auch. Unsere Ahnen kannten gute Wege, Gedanken zu klären & festsitzende, blockierende Gefühle zu lösen. – In diesem Sinne bieten wir Grundlagen- (im Laufe des Jahres auch Vertiefungs-) Workshops an:

07. Februar, 05. März, 10. April (jeweils von 17-20 Uhr); Kostenpunkt: 25,- pP; max.14 P; Anmeldung unter: carsten.kiehne@gmx.net

Sagenhafte Sagensammler

Sagensammler??? Heute kennt jeder die Gebrüder Grimm! Ludwig Bechstein, ja, den hat man auch schon mal gehört. Aber wer zum Teufel nochmal sind Nachtigall, Pröhle oder Büsching? Von Letzterem haben Erstere sogar abgeschrieben, ohne schlechtes Gewissen zu haben! Die meisten der alten Sagensammler, die wirklich noch zu Fuß unterwegs waren, um alte Erzählungen zu erhalten, kennt heute leider kaum noch jemand. Einer der Wichtigen ist:

Er selbst beteuerte, er hätte alle Sagen getreu nacherzählt, ihnen aber einen romantisch-verklärenden Anstrich gegeben. An sich sah er mündlich überlieferte Sagen als historische Zeitzeugen für die einfachen Menschen an. Selbst die Gebrüder Grimm geben „Otmar" viele Male als Quelle ihrer Geschichten an!

1808 verlieh man ihm die Ehrendoktorwürde der Theologischen Fakultät der Universität Halle. Von 1812 an hatte er bis zur Auflösung des Konsistoriums durch die neue Provinzialeinteilung Preußens das Amt des Generalsuperintendenten des Fürstentums Halberstadt sowie der Grafschaften Hohenstein und Mansfeld inne.

Werke:

* Volcks-Sagen. Nacherzählt von Otmar, 1800
* Fragmente über die allmählige Bildung der den Israeliten heiligen Schriften. In: Magazin für Religionsphilosophie, Exegese und Kirchengeschichte.
* Biographie [...], von ihm selbst geschrieben und mit einigen seiner Schulreden über interessante Gegenstände, 1820

Johann Carl Christoph Nachtigall

(1753 in Halberstadt – 1819 in Halberstadt)

Johann Nachtigall wurde als Sohn eines Predigers an der Paulskirche in Halberstadt geboren, besuchte das Stephaneum und studierte anschließend an der Universität Halle bis 1773 Theologie, Philologie und der Naturwissenschaften. Nach dem Studium kehrte er nach Halberstadt zurück und wurde 1800 zum Direktor seiner alten Schule ernannt.

Unter dem Pseudonym Otmar verfasste er 1800 das Werk „Volcks-Sagen", bei dem es sich um die erste deutsche Sagensammlung mit wissenschaftlichem Anspruch handelt.

76

Vom 1. Weihnachtsbaum

Weihnachtliches

Irgendwo mitten im bitterkalten Harz, in einer kleinen verschneiten Hütte: „Großvater, liebes Großväterchen, du musst etwas essen, du bist schon viel magerer als die Ziege Berta im Stall!", drängelte der kleine Peter und knuffte seinen blassen, in sich zusammen gefallenen Opa. Der Bub schlackerte an dessen alten Knien und zog den großen, vom Leben gebeugten Mann aus seinem Korbstuhl. „Draußen warst du auch schon lang' nicht mehr, es hat geschneit, weißt du?! Du bist doch mit dem Großmütterchen immer gerne durch den frischen Schnee getrottet!" – „Lass mich, Großmutter ist von uns gegangen!", murrte der Alte und wollte sich schon wieder in den Stuhl plumpsen lassen, als der Wirbelwind von Enkel die Gunst der Stunde erkannte, dem Alten mit Vaters Hilfe einen Mantel überwarf und ihn ins Freie schob. „Aber DU bist noch da Großväterchen, lange noch, ganz sicher!"

Wie der Alte die ersten Schritte allein in den Schnee stapfte überkam ihn eine große Traurigkeit. Er fühlte sich so allein ohne sein gutes Weib, mit dem er so viele triste und harte aber auch frohe Jahre durchlebte. „Warum hast du sie mir genommen?", fragte er gen Himmel und dicke Tränen liefen über die großen Schneeflocken, die sich gerade eben auf seine Wange gesetzt hatten. Doch wie eine dieser Herzensperlen einen besonders großen Eiskristall auftaute und zu Boden fiel, da hörte er plötzlich eine Stimme. Eine Stimme, so schön und lieblich, ihm so vertraut, die sagte: „Geliebter, ich war nie weg!" - Ein Gebirgsbach von Tränen schoss ihm aus den Augen und er spürte, was die Worte verhießen, war wahr. „Murre und gräme dich nicht weiter, Väterchen!", sagte sein Weib, „Denn ich vermisse die Grübchen, wenn du lächelst und das Lachen von Peter, wenn du mit ihm tobst. Fühlst du mich nicht bei dir?" „Doch, oh Mütterchen, doch, jetzt wo du's sagst!", weinte er. „Sieh doch, ich bin in allen Dingen, berühre dich als diese Schnee-flocke. ... als Wind streiche ich durch

deine Haare. Und in diesem Tannenbäumchen da, da bin ich auch!" Und wie der Großvater das kleine Bäumchen besah, so sanft bedeckt vom reinen Schnee, wunderbar die Dunkelheit beleuchtend, da ward ihm warm und wohlig im Herzen. „Nimm mich ruhig mit in deine Hütte, dass ich dir Licht bin und dein Lachen höre. Früh genug lachen wir wieder gemeinsam, jetzt lache mit Peter!"

Zum ersten Mal seit vielen Monden liefen Tränen des Glücks & der Freude aus seinen hellwachen Augen, worauf der Alte in die Hütte stapfte, seinen schneebedeckten Mantel prustend über seinem Enkel entleerte und den kleinen nassen Tropf auf seiner großen Schulter wieder hinaus zum Bäumchen schleppte. „Bub, hilf mir dies Bäumchen in die Stube zu bringen. Wir wollen es schmücken, mit all dem Schönen, was deine Großmutter uns immer gebacken hat, ihm einige Kerzen anstecken und dann, dann will ich dir eine Geschichte erzählen!"
(aufgeschrieben von Carsten Kiehne in „Jahresfeste")

!!! EIN FROHES WEIHNACHTSFEST !!!

Das wunderschöne Bild stammt von June Page und wird im Buch „Jahresfeste" von Sagenhafter Harz im Frühjahr 2020 erstmalig erscheinen!

Baue einen Weihnachtsleuchter

Nahte die Wintersonnenwende, also der 21. Dezember, kamen unsere Ahnen in Familie zusammen und überlegten am dunkelsten Tag des Jahres gemeinsam: „Was wollen wir uns wünschen? Welches neue Licht, wollen wir im nächsten Jahr in unser Leben rufen?"

(Wie man Wünsche richtig formuliert, findest du in unserem aktuellen Buch „Sagenhaftes Glück"!) 😊

Dann schnitten sie Stäbe vom Haselstrauch, schrieben Runen darauf oder Symbole, die Ausdruck der Wünsche waren und bauten einen Julleuchter, den sie zu ihrem heiligen Platz trugen, um diesen den Göttern zu schenken. Man sagt, wäre der Leuchter ganz von den Tieren oder Wesen des Waldes aufgegessen und mit dem Boden verwachsen, hätten sich deine Wünsche erfüllt!

Im Harz haben wir viele solcher „Wunschplätze", zumeist sind es Opfertische oder Runensteine (auch Teufels- bzw. Lügensteine: vorm Halberstädter Dom, in der Mauer des Kloster Wendhusens, auf dem Hexentanzplatz, an der Teufelsmauer uvm.) oder ganz besondere Bäume (Beteiche bei Ballenstedt, des Flehmüllers Eiche bei Nordhausen oder die Schäfereiche bei Bad Suderode)!

Material: Nimm 6 Haselstöckchen, die du anspitzt und auf deren Mitte du ein Schriftfeld schnitzt. Jetzt brauchst du noch 4 Äpfel, 4 Honigkerzen, ein wenig Tannengrün & Mistelzweige. - Als Werkzeuge brauchst du: Taschenmesser, Apfelentkerner (Kerzenlöcher im Apfel), Stifte & Feuerzeug.

Viel Spaß mit diesem kleinen Weihnachtritual unserer Vorväter, euer Sagen- & Märchenerzähler Carsten

Ritual zum Jahresfest

Ein Glücks-Ritual für die Jahreswende

Das Glücksritual für Sylvester funktioniert im Prinzip, wie die buddhistischen Gebets-fähnchen, die ihre Gebete in die weite Welt verschicken, wenn der Wind hindurch weht. Für das Ritual brauchst du 3 Sylvester-Raketen.

Lausche dem Sylvesterlärm um dir herum und betrachte ihn symbolisch als Lärmbrauch deiner Ahnen. Sie haben mit dem Krach zum Neujahr alle bösen Geister (Streit, Herzensschwere, Neid, Missgunst, Groll etc.) vertrie-ben und aus dem Haus gejagt. Mit jedem Knall fällt dir also eine Last von der Schulter, löst sich ein altes Thema. Spürst du schon, wie du immer leichter wirst?

Wende dich deinen Raketen zu. Die erste ist für einen guten Wunsch, der sich 2020 erfüllen soll, indem du die Rakete zum Himmel schickst. Träume dich mit allen Sinnen in die Vision ein, als hätte sich der Wunsch bereits erfüllt: Ein liebevoller Partner an deiner Seite; du bist bei bester Gesundheit; lächelnd und dankbar, im Kreise deiner Liebsten ... und dann schickt den Wunsch gen Himmel!

Das zweite Geschoss ist für einen Menschen, der dir 2019 Schwierigkeiten bereitete – nein, du schießt ihn mit der Rakete nicht ins All ☺ – es geht Vergebung!

Denke daran, dass du dich selbst belastest, wenn du weiter Groll gegen einen Menschen hegst. Es wäre demnach das Beste für alle, du könntest verzei-hen (siehe dazu die Übungen „Bedingungsloses Ja" & „Aussöhnung", die wir aus dem Buch „Sagenhaftes Glück" in der Ausgabe „Weggefährten" beigefügt haben).

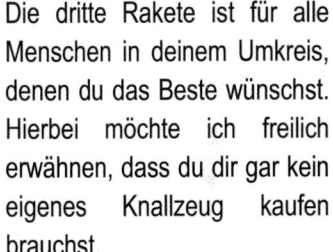

Die dritte Rakete ist für alle Menschen in deinem Umkreis, denen du das Beste wünschst. Hierbei möchte ich freilich erwähnen, dass du dir gar kein eigenes Knallzeug kaufen brauchst.

Denke einfach bei der nächsten aufsteigenden Rakete deines Nachbarn an Punkt 1, 2 oder 3 & spende das „gesparte" Geld für einen guten Zweck – mit einer guten Tat ins neue Jahr! ☺

Und im Neujahr ...

Ich liebe es, schon am frühen Morgen auf der Straße zu stehen und sie von „Altlasten" (Überreste der Böllerei) zu säubern. Ich begreife das jedes Jahr als Prozess innerer Reinigung! ;-)

Das Team von „Sagenhafter Harz" wünscht euch viel Spaß bei diesem kleinen Ritual, gesegnete Feiertage und einen guten Rutsch ins neue Jahr!

Eure Maria-Kathleen, Sabrina, Jelka, Sina, Manuela, Hildegard, Katrin, Stefan & Carsten

$\mathcal{D}$u schätzt unsere Arbeit und willst die Interessensinitiative „Sagenhafter Harz" unterstützen? Dann empfehle uns gerne weiter, beteilige dich an einem Buchsponsoring und/oder kaufe gern eines unserer Bücher. Damit hilfst du, unsere Heimatgeschichte lebendig zu erhalten. Soll deine Firma hier an dieser Stelle beworben werden? Schreib uns gern:

carsten.kiehne@gmx.net

Freu dich auf Mitte März 2020, dann kommt unsere Frühlings-Ausgabe! ☺

8(